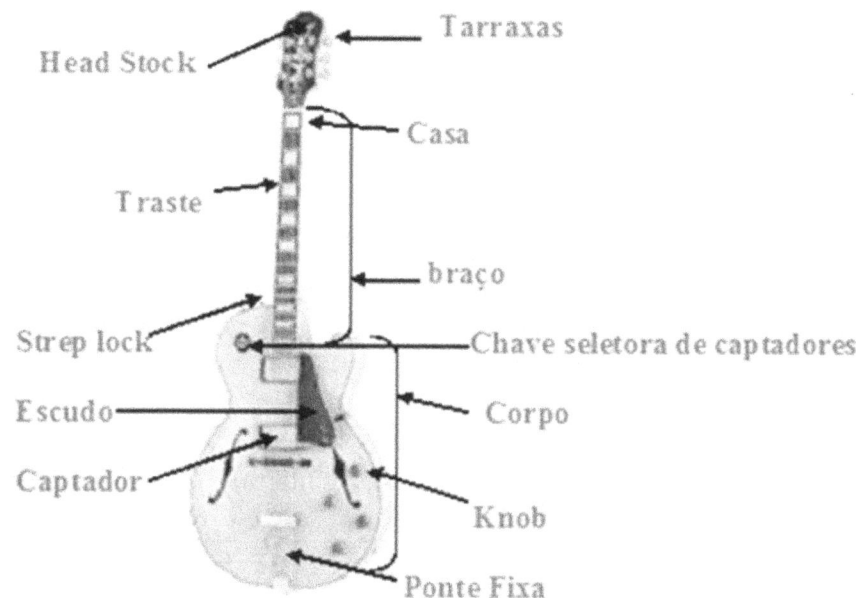

Classificação dos dedos das mãos para pessoas destras

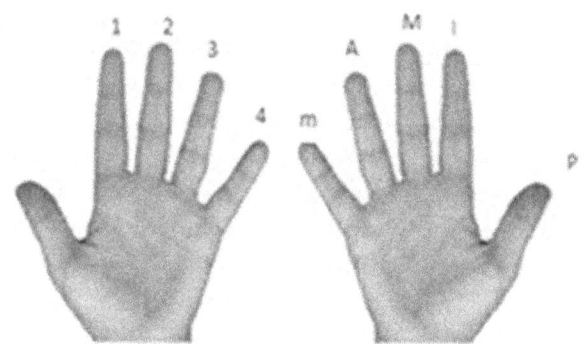

Mão esquerda – digita as notas e acordes
Mão direita – faz as batidas e os dedilhados

Para Canhotos

Mão direita: digita as notas e acordes
Mão esquerda: faz as batidas e os dedilhados

Braço da Guitarra

As casas são os espaços entre dois trastes.
Trastes são os ferrinhos encravados paralelamente no braço do instrumento.
Na representação do braço da guitarra as cordas são contadas de baixo (mais fina) para cima (mais grossa).

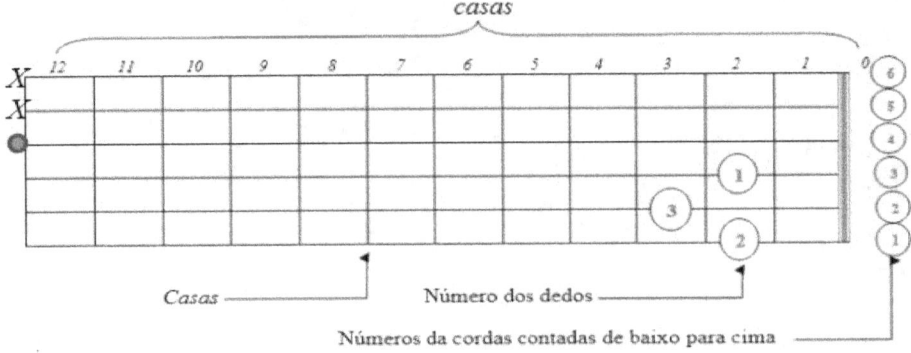

X - não tocar a corda que estiver com este signo

O - tocar a partir desse signo

A Tablatura

Consiste em seis linha horizontais as quais representam as cordas da guitarra, sendo que, a primeira linha de baixo representa a corda um.

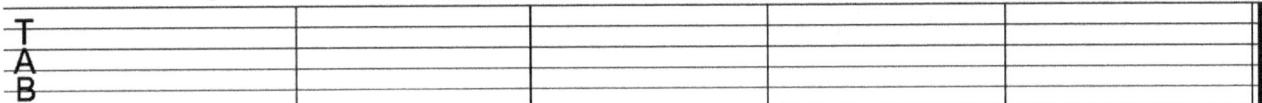

Devemos ler sempre da esquerda para a direita

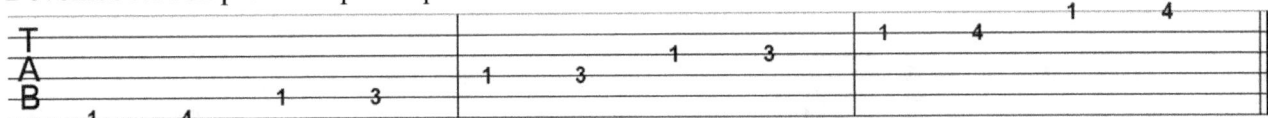

Notas empilhadas paralelamente devem ser tocadas ao mesmo tempo

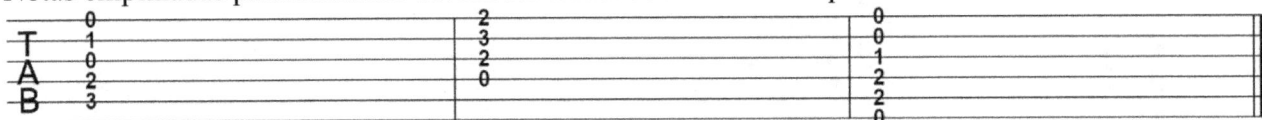

No decorrer do curso, além do diagrama (desenho do braço da guitarra) vamos utilizar muito a tablatura devido à praticidade e rapidez para leitura das notas.

Afinando a Guitarra

Algum tempo atrás para se afinar um instrumento era só na base do ouvido, hoje em dia você pode ir a uma loja de instrumentos musicais e comprar um afinador eletrônico, existem várias marcas e modelos à venda, basta escolher pelo preço ou o modelo que mais lhe agradar. Mesmo assim, com toda essa facilidade ainda continua sendo muito importante o músico saber afinar seu instrumento de ouvido, essa não é uma tarefa impossível de se realizar, basta um pouco de prática e você logo estará afinando seu instrumento tranquilamente.

Primeiro vamos conhecer a afinação padrão das cordas da guitarra.

No pentagrama

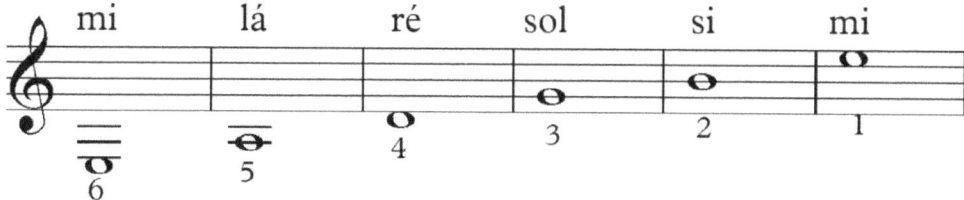

Som Referência

Agora que você já conhece a afinação de cada corda da guitarra, o segundo passo é ter um som como referência. Você pode retira-lo de um teclado, de um diapasão de sopro, diapasão de garfo, ou mesmo um afinador eletrônico.

Não esqueça que a contagem das cordas e feita de baixo para cima, logo a primeira corda é a mais fina.

1° passo: afine a sexta corda em mi.
2° passo: pressione com o dedo médio na quinta casa da sexta corda para afinar a quinta corda.
3° passo: pressione com o dedo médio na quinta casa da quinta corda para afinar a quarta corda.
4° passo: pressione com o dedo médio na quinta casa da quarta corda para afinar a terceira corda.
5° passo: pressione com o dedo médio na quarta casa da terceira corda para afinar a segunda corda.
6° passo: pressione com o dedo médio na quinta casa da segunda corda para afinar a primeira corda.

Dica: Durante a afinação fique atento para a vibração das notas. Quando a corda não está afinada, seu som se chocará com o som da corda já afinada, nesse caso você vai ouvir a emissão de um som em forma de onda, isso indica que a corda não está afinada. Um pouco de treino será necessário.

Posturas

Importantíssimo para um bom desenvolvimento técnico

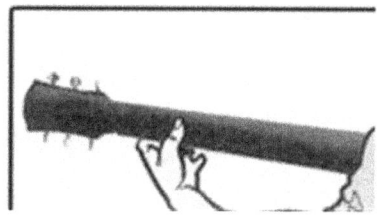

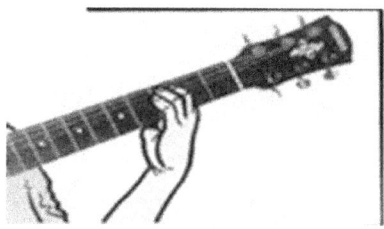

A Palheta

Segurando corretamente a palheta
Segure a palheta entre os dedos polegar e indicador

Procure não tencionar a mão.
Concentre a força apenas nos dedos que seguram a palheta

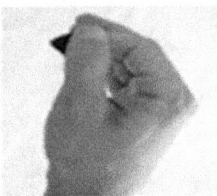

Vamos aprender três maneiras muito usadas de se palhetar.

palhetada para baixo – palhetar apenas com movimento para baixo. Use esse tipo de palhetada quando estiver tocando muito lento e quiser o som de palhetada só para baixo.

palhetada alternada, a qual consiste em palhetar uma vez com movimento para baixo e outra vez com movimento para cima. (é esse o principal tipo de palheta do guitarrista, e deve estar em constante aperfeiçoamento)

sweeping, o qual serve para tocar arpejos numa velocidade alta. Essa técnica consiste em tocar com um só movimento, para cima ou para baixo, dependendo do sentido que se quer arpejar. (vamos estudar o sweeping no momento oportuno)

Exercícios de palhetada com corda solta (tocar com palhetada alternada)

1) uma palhetada em cada corda

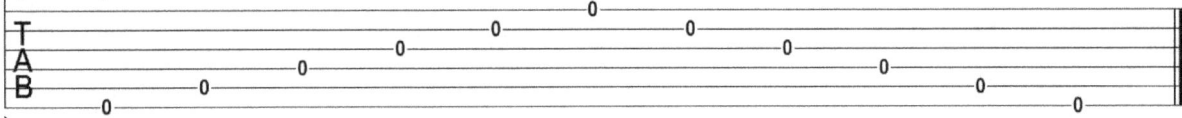

2) duas palhetadas em cada corda

3) três palhetadas em cada corda

4) quatro palhetadas em cada corda

Exercícios de Digitação para Coordenação Motora.

São exercícios combinados para os dedos da mão esquerda.

Importante

praticar os exercícios sempre acompanhados do metrônomo.
Comece num andamento lento (60bpm) e vá aumentando gradativamente.
Comece palhetando com movimentos alternados, ou seja, uma palhetada para baixo e outra para cima.

Exercícios

Comece os exercícios na primeira casa do braço da guitarra. Cada número corresponde ao número do dedo da mão esquerda e também ao número da casa do instrumento.

1- 1 2 3 4	7- 2 1 3 4	13- 3 1 2 4	19- 4 1 2 3
2- 1 2 4 3	8- 2 1 4 3	14- 3 1 4 2	20- 4 1 3 2
3- 1 3 2 4	9- 2 3 1 4	15- 3 2 1 4	21- 4 2 1 3
4- 1 3 4 2	10- 2 3 4 1	16- 3 2 4 1	22- 4 2 3 1
5- 1 4 2 3	11- 2 4 1 3	17- 3 4 1 2	23- 4 3 1 2
6- 1 4 3 2	12- 2 4 3 1	18- 3 4 2 1	24- 4 3 2 1

Exemplos:

Siga o modelo para todos os exercícios
1)

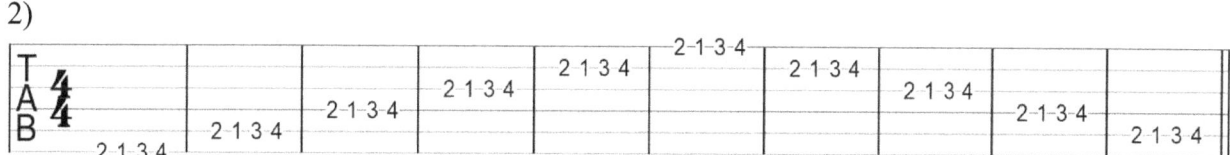

2)

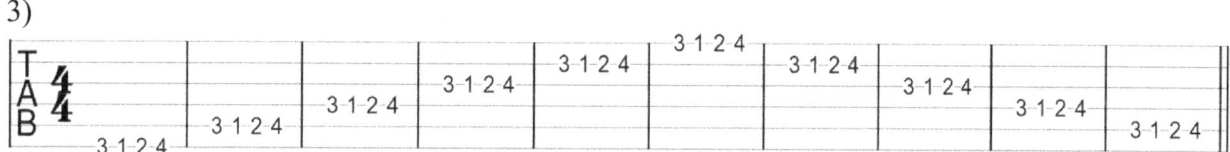

3)

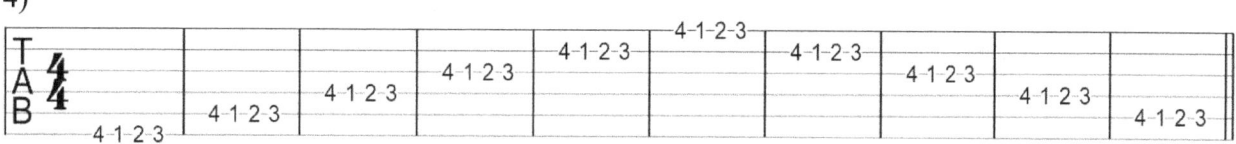

4)

Cifras

Cifra – é um sistema de escrita musical usado para indicar através de letras, os acordes.
As cifras são utilizadas principalmente na música popular.

Através das cifras podemos estudar harmonia, e toda teoria relacionada aos acordes com grande facilidade, já que substituímos o uso de notas no pentagrama (na partitura) por cifras.

O sistema de cifragem é muito fácil de aprender. Consiste na representação das notas musicais e dos acordes por letras do alfabeto.

As Sete (7) Notas Musicais e Suas Respectivas Cifras

Dó	Ré	Mi	Fá	Sol	Lá	Si	Notas
C	D	E	F	G	A	B	Cifras

Alguns exemplos de signos e números usados em cifragem

C   = dó maior
Cm   = dó menor
C-   = dó menor
C7   = dó com sétima
Cm7/9 = dó menor com sétima e nona
Cº   = dó diminuto
Cdim   = dó diminuto
C7º   = dó diminuto
C7dim = dó diminuto
C7/9b = dó com sétima e nona menor
C7M   = dó com sétima maior
Cmaj7 = dó com sétima maior
C+   = dó aumentado (acorde triádico)
Caum = dó aumentado
C7/9+ = dó com sétima e nona aumentado

Notas naturais no braço do da guitarra

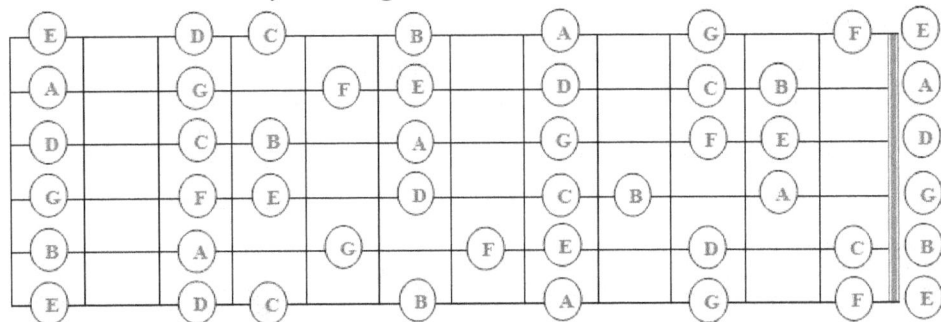

As casas vazias são para as notas sustenizadas ou bemolizadas. O importante é começar decorando as notas naturais em toda extensão do braço da guitarra.

Esquema para decorar as notas no braço da guitarra

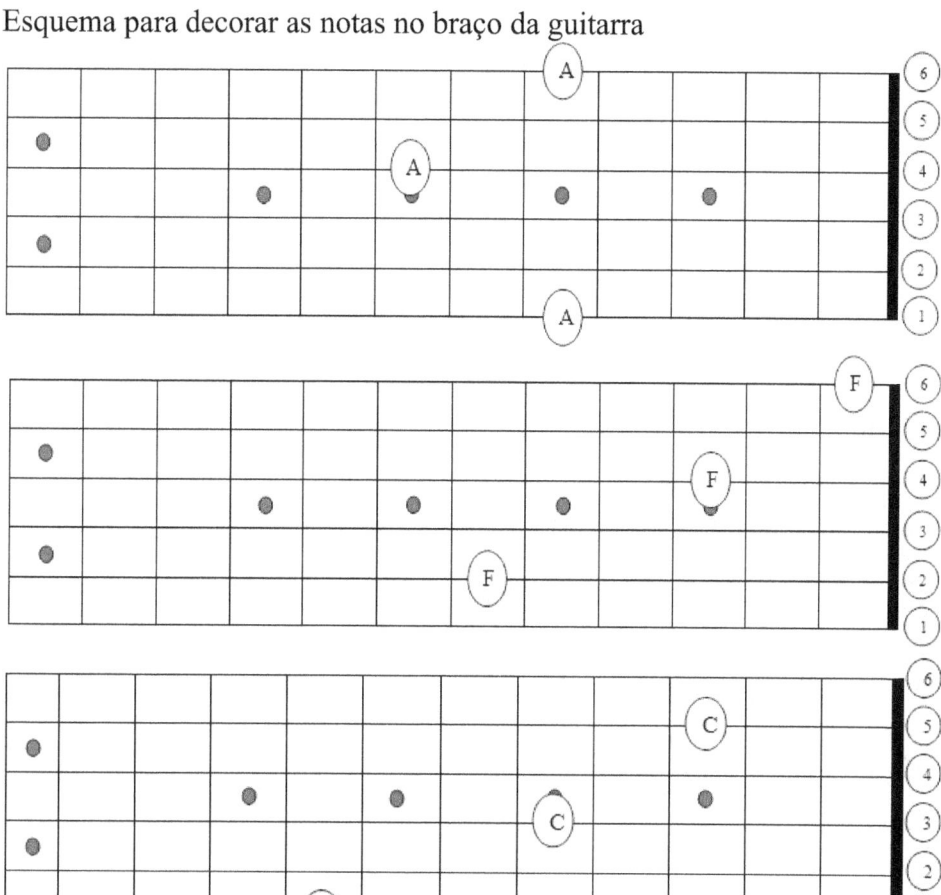

Decorando as notas da sexta corda, você terá decorado automaticamente as notas também da primeira corda, uma vez que as duas cordas possuem as mesmas notas
As notas da corda quatro e da corda dois são decoradas através da sexta corda
As notas da corda três e da corda cinco são decoradas através da primeira corda
Pratique para melhor decorar o esquema acima.

Escala Cromática de Dó

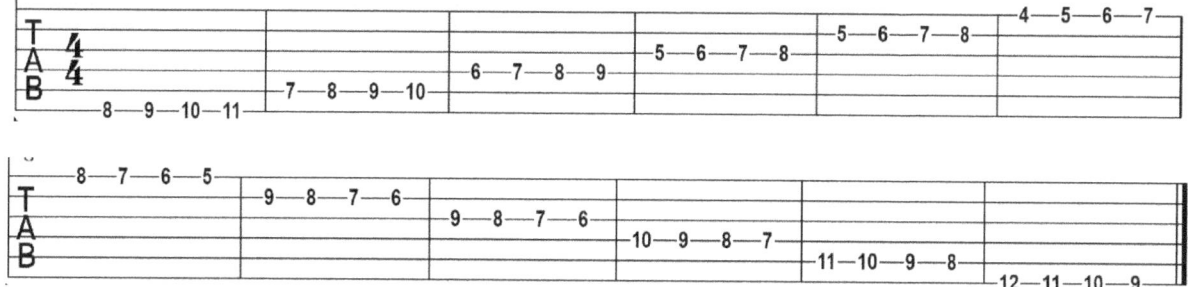

Tocar a escala cromática em todos os tons é de extrema importância para melhor esclarecimento e entender da simetria da mesma.

Exemplo de escala cromática em Mi

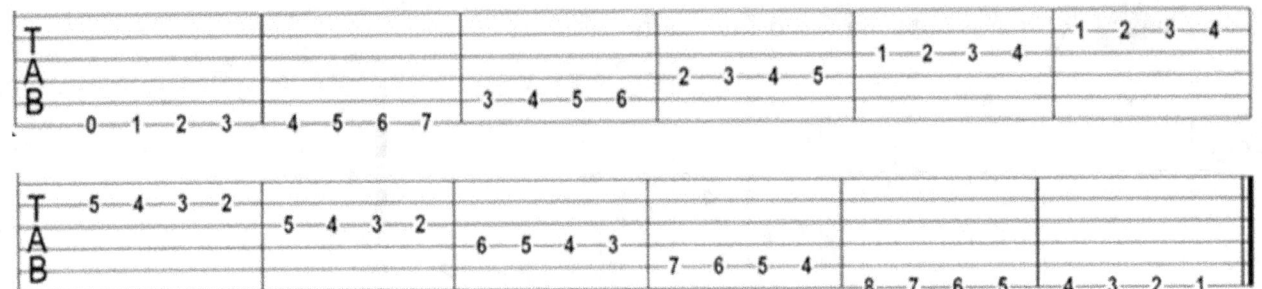

Siga sempre os mesmos padrões (desenhos) de digitação para outras escalas

Exercício para Fixação da Escala Cromática

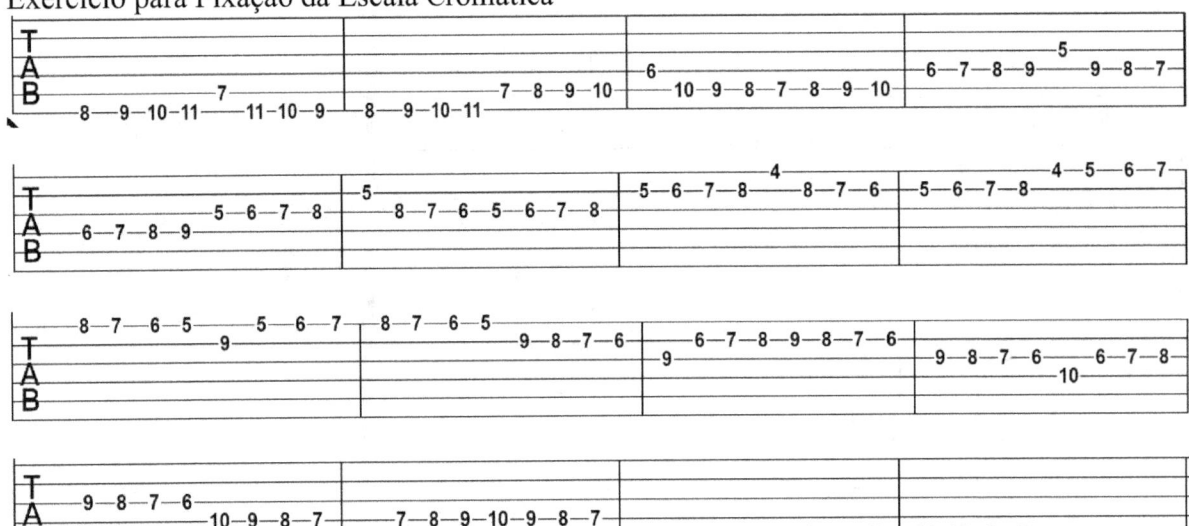

Acordes Básicos Maiores

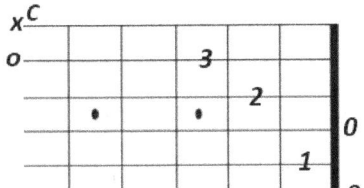

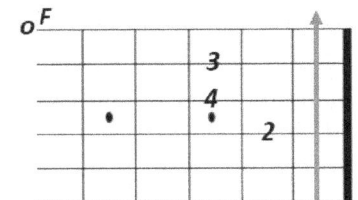

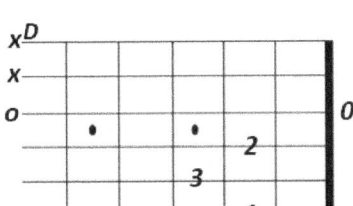

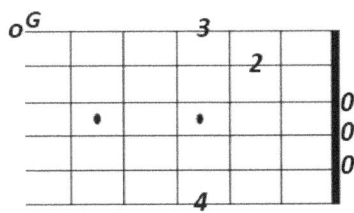

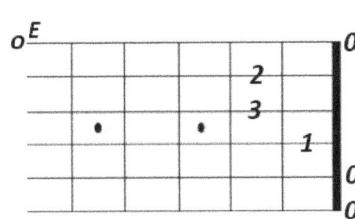

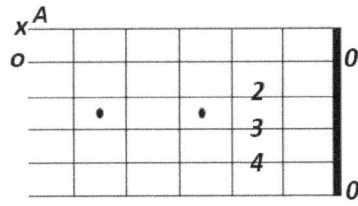

Progressões Básicas com Acorde Maiores

1)- ‖   D | A | G   ‖

2)- ‖   G | D | C   ‖

3)- ‖   E | B | A   ‖

4)- ‖   C | G | F   ‖

5)- ‖   A | E | D   ‖

6)- ‖   F | D | G | C   ‖

7)- ‖   G | B | E | D   ‖

8)- ‖   C | A | D | G   ‖

Batida

Tocar 4 batidas p/ cada acorde

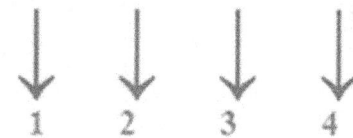

Toque palhetando para baixo.

Nota
Seta para baixo palhetada para baixo.
Faça a contagem da batida até ficar familiarizado com a mesma.
Toque cada progressão várias vezes.

Acordes Básicos Menores

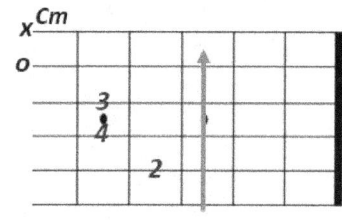
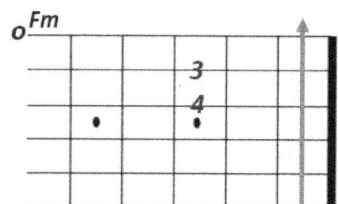
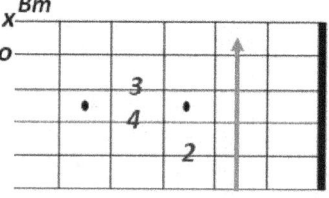
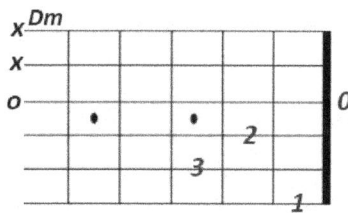
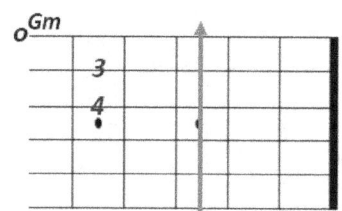
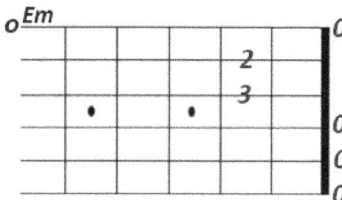
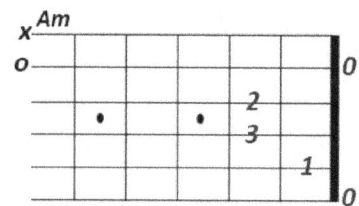

Progressões Básicas com Acorde Menores

1)- ‖   Dm | Gm | A   ‖

2)- ‖   Gm | Cm | D   ‖

3)- ‖   Em | Am | B ‖

4)- ‖   Cm | Fm | G ‖

5)- ‖   Am | Dm | E   ‖

6)- || F | Dm | Gm | C ||

7)- || G | Bm | Em | D ||

8)- || C | Am | Dm | G ||

Batida

Tocar 4 batidas p/ cada acorde
Conte da seguinte forma: 1 2 3 4

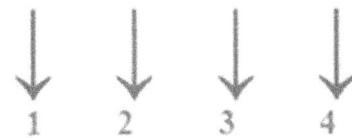

Nota
Seta para baixo movimento da palhetada para baixo
Faça a contagem da batida até ficar familiarizado com a mesma.
Toque cada progressão várias vezes.

Acordes Básicos Acordes com Sétima

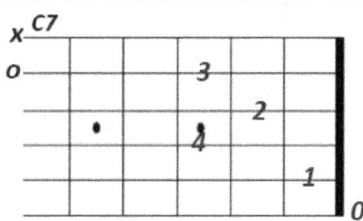 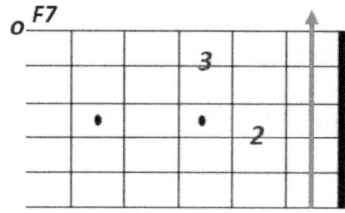 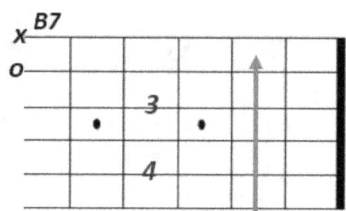

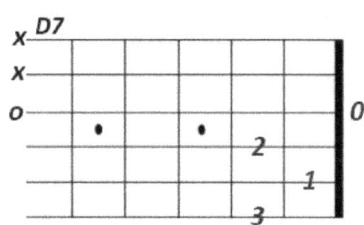 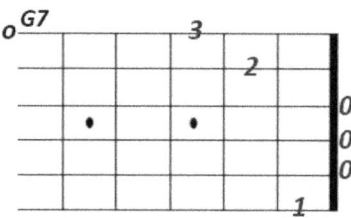

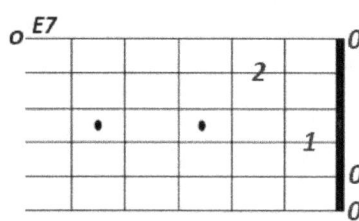 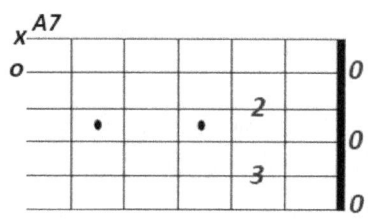

Progressões Básicas com Acordes com Sétima

1)- || D | B7 | Em | A7 ||

2)- || G | E7 | Am | D7 ||

3)- || C | A7 | Dm | G7 ||

4)- || C | C7 | F | Fm ||

5)- || F7 | D7 | Gm | C7 ||

6)- || B7 | E7 | A7 | D7 | G7 | C7 | F7 ||

Batida

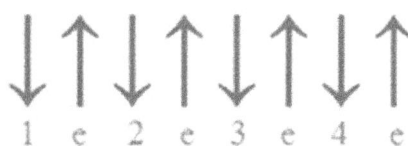

Nota

Seta para baixo movimento da palhetada para baixo
Seta para cima movimento da palhetada para cima.
Faça a contagem da batida até ficar familiarizado com a mesma.
Toque cada progressão várias vezes.

Acordes Maiores - Sustenido e Bemol

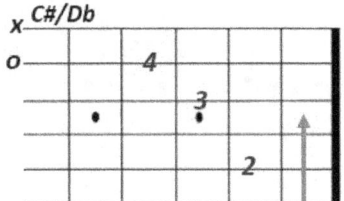
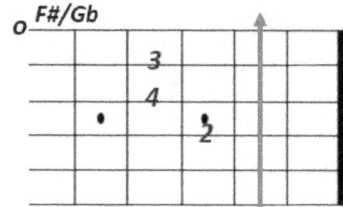
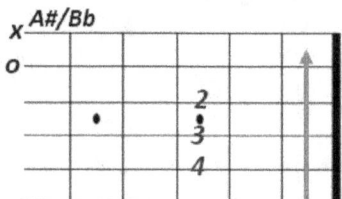

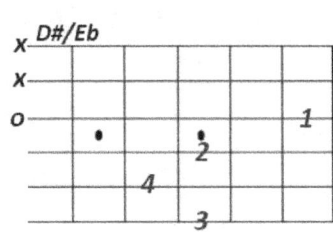
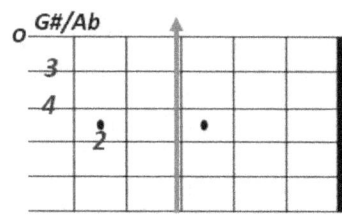

Exercícios com Progressões Básicas

1)- ‖ C | F | Bb | Eb | Ab | Db | Gb |
| B | E | A | D | G ‖

2)- ‖ C | G | D | A | E | B | F# |
| C# | G# | D# | A# | F ‖

Acordes Menores - Sustenido e Bemol

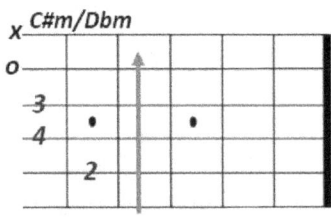
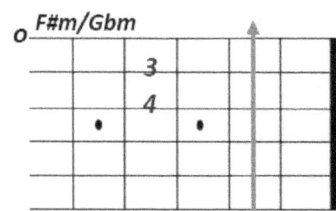
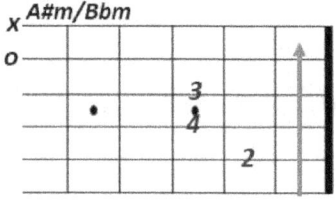

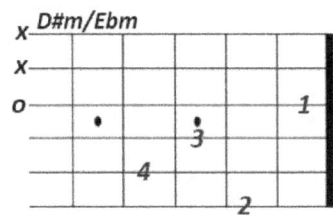
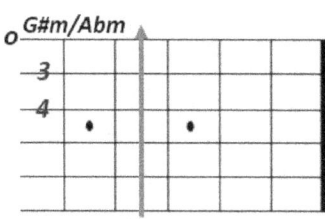

Exercícios com Progressões Básicas

1)- ‖ Cm | Fm | Bbm | Ebm | Abm | Dbm | Gbm |
| Bm | Em | Am | Dm | Gm ‖

2)- ‖ Cm | Gm | Dm | Am | Em | Bm | F#m |
| C#m | G#m | D#m | A#m | Fm ‖

Acordes Maiores com Sétima - Sustenido e Bemol

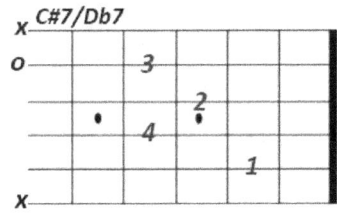

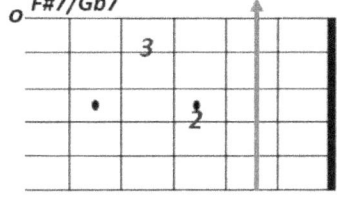

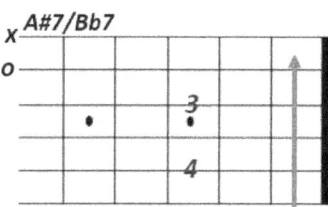

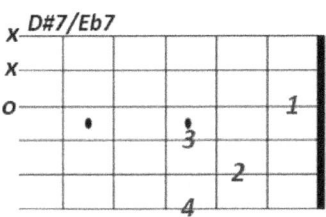

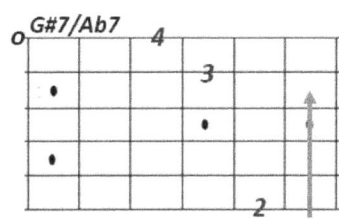

Exercícios com Progressões Básicas

1)- ‖ C7 | F7 | Bb7 | Eb7 | Ab7 | Db7 |Gb7 |
   | B7 | E7 | A7 | D7 | G7 ‖

2)- ‖ C7 | G7 | D7 | A7 | E7 | B7 | F#7 |
   | C#7 | G#7 | D#7 | A#7 | F7 ‖

Bicorde

É um acorde formado por duas notas que são os intervalos de tônica e quinta.
Pode ser usado para substituir qualquer acorde.

Bicordes Naturais

	C5	D5	E5	F5	G5	A5	B5
4/4	5 3	7 5	2 0	3 1	5 3	7 5	4 2

Bicordes – Sustenido e Bemol

	C#5 ou Db5	D#5 ou Eb5	F#5 ou Gb5	G#5 ou Ab5	A#5 ou Bb5
4/4	6 4	8 6	4 2	6 4	3 1

Podemos também inverter o bicorde colocando a 5 como nota mais grave
Sol = 5ª nota da escala
Dó = 1ª nota da escala (tônica)

Bicordes Invertidos

```
        C5          D5          E5          F5          G5          A5          B5
T  4
A  4
B     3           5           2           3           5           7
      3           5           2           3           5           7           2
                                                                              2
```

Bicordes Invertidos – Sustenido e Bemol

```
   C#5 ou Db3      D#5 ou Eb5      F#5 ou Gb5      G#5 ou Ab5      A#5 ou Bb5
T  4
A  4
B                                    4               6               3
      4               6              4               6               3
      4               6
```

Bicordes de Dó (C5) em todas as cordas

```
        C5          C5          C5          C5          C5
T  4                                        8           3
A  4                            12          5           1
B                    5          10
      10             3
      8
```

Bicordes de Dó invertido (C5) em todas as cordas

```
        C5          C5          C5          C5          C5
                                                        8
T  4                                        13          8
A  4                            5           12
B              10
      3        10
      3
```

Nota

As músicas: Smoke on the Water do Deep Purple
Iron Man e Paranoide do Black Sabbath, são alguns exemplos de músicas feitas só com bicordes.

Marcando o Tempo

Objetivo desses exercícios é o desenvolvimento do balanço (swing) do samba.

Comece treinando num andamento lento. Só toque mais rápido quando a coordenação e os movimentos das batidas estiverem corretos e leves.

Para uma boa coordenação comece a bater o pé seguindo mais ou menos um segundo. Então teremos dois movimentos um quando o pé atinge o chão e outro quando o pé retorna para cima.

Quando o pé descer na contagem um, palhetada para baixo
Quando o pé subir na contagem dois, palhetada para cima
Um pouco de treino será necessário.

Faça a contagem

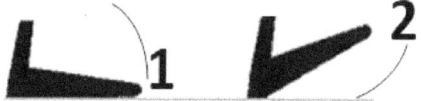

Técnica de Rítmica Para Mão Direita

X = Abafar as corda com os dedos da mão esquerda sobre o quinto traste.
Quando houver o número (5), as cordas deverão ser pressionadas na casa cinco para que as cordas possam soar.

⊓ movimento da palhetada para baixo
V movimento da palhetada para cima

1)

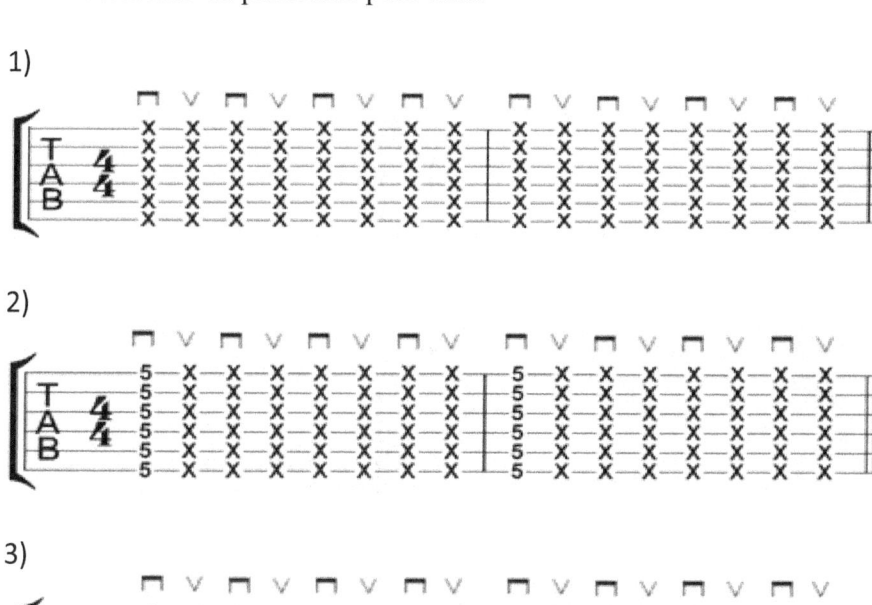

2)

3)

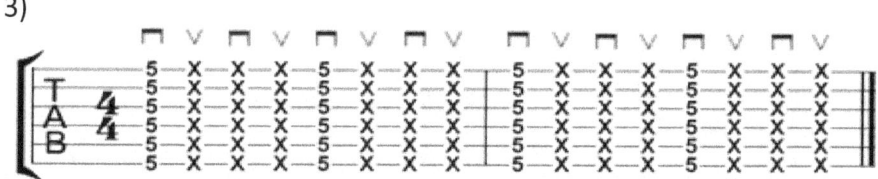

4)

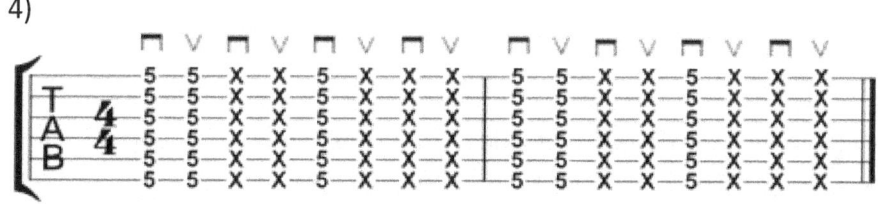

5)

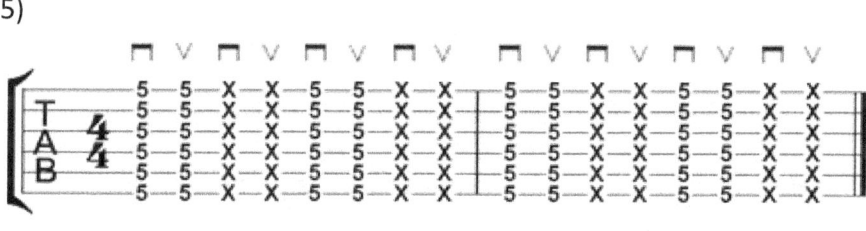

6)

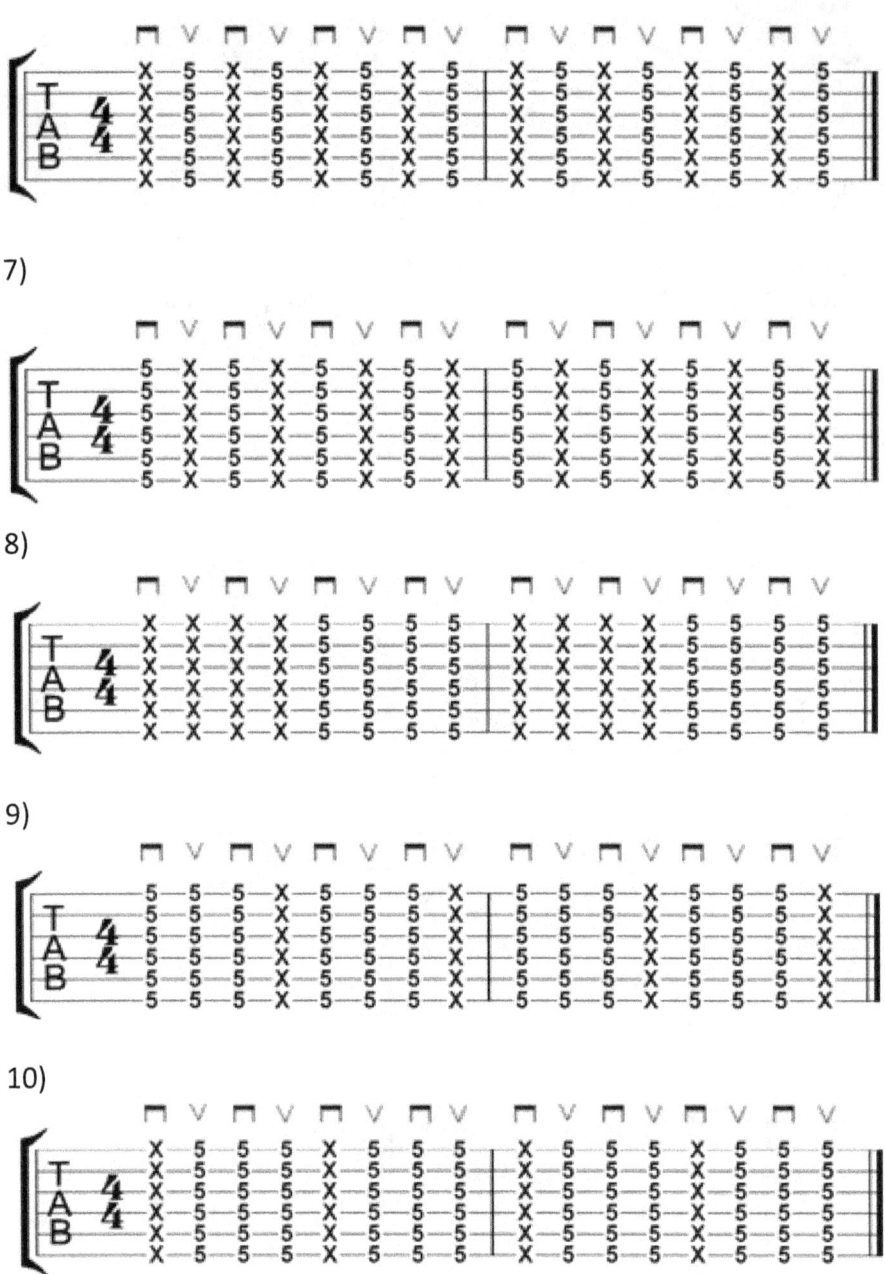

7)

8)

9)

10)

Ornamentação Melódica - Nomenclatura

Bend - Tocar a corda e arquear para cima ou para baixo até alcançar a próxima nota ¼ de tom, ½ tom, 1tom, 1½ tom, ou mais. Podemos ainda combinar o bend com outros ornamentos.

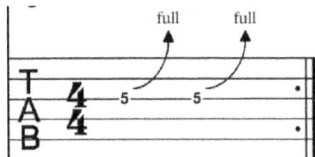

Bend/Release - Tocar a nota e arquear para cima ou para baixo até alcançar a próxima nota ¼ de tom, ½ tom, 1tom, 1½ tom, ou mais e retornar a nota original.

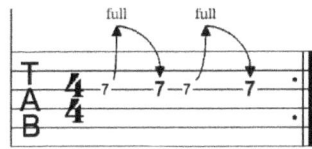

Prebend - Primeiro arquear a nota para cima ou para baixo até alcançar a próxima nota ¼ de tom, ½ tom, 1tom, 1½ tom e logo em seguida toca-la.

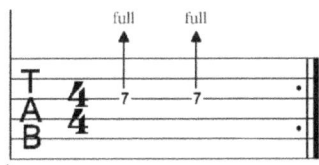

Prebend/Release - Primeiro arquear a nota para cima ou para baixo até alcançar a próxima nota ¼ de tom, ½ tom, 1tom, 1½ tom, logo em seguida toca-la devendo retornar a nota original.

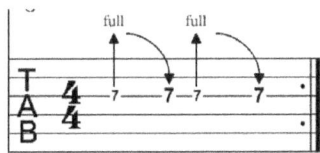

Hammer-on - Tocar a primeira nota e martelar com um dos dedos da mão esquerda sobre a nota seguinte. O movimento é sempre ascendente.

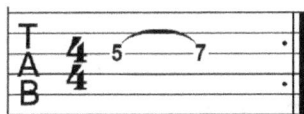

Pull-off - Tocar a nota e puxar a corda com um dos dedos da mão esquerda fazendo soar a nota anterior. O movimento é descendente.

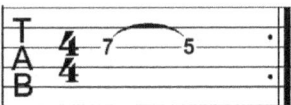

Slide - Tocar uma nota e deslizar até a nota indicada. O slide pode ser ascendente e descendente. Também pode ser feito com um dos dedos da mão esquerda, da mão direita, com palheta ou um objeto chamado de slide ou bottleneck.

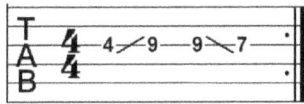

Tapping (Two Hands) - Um hammer-on com um dos dedos da mão direita.

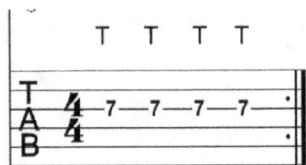

Palm Mute - Abafar a(as) corda(as) com a palma da mão direita.

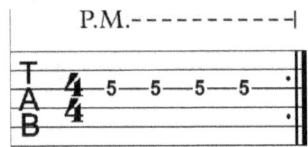

Harmônico Natural - Tocar levemente as cordas soltas com um dos dedos da mão esquerda sobre os trastes 5, 7, 12, 15, 17 e etc.

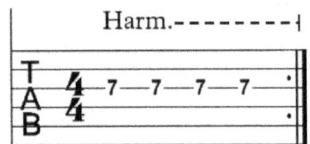

Harmônico Artificial - Tocar beliscando a corda com o dedo polegar e a palheta ao mesmo tempo.

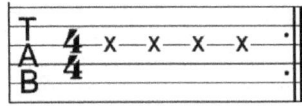

Nota Morta - Mute Note - Abafar a(as) nota(as) com os dedos ou a palma da mão esquerda.

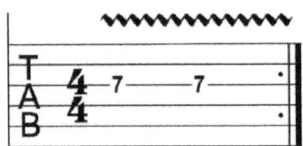

Vibrato - Fazer vibrar a corda com um dos dedos da mão esquerda.

Trinado - Tocar a nota com movimentos rápidos da palheta

Nota
Os ornamentos servem para dar um colorido à música, por isso é importante praticar bastante a fim de se apurar essa técnica tão importante para o guitarrista.

Licks e Desdobramentos N.1

Construídos sobre a escala pentatônica de lá menor

Lick 1

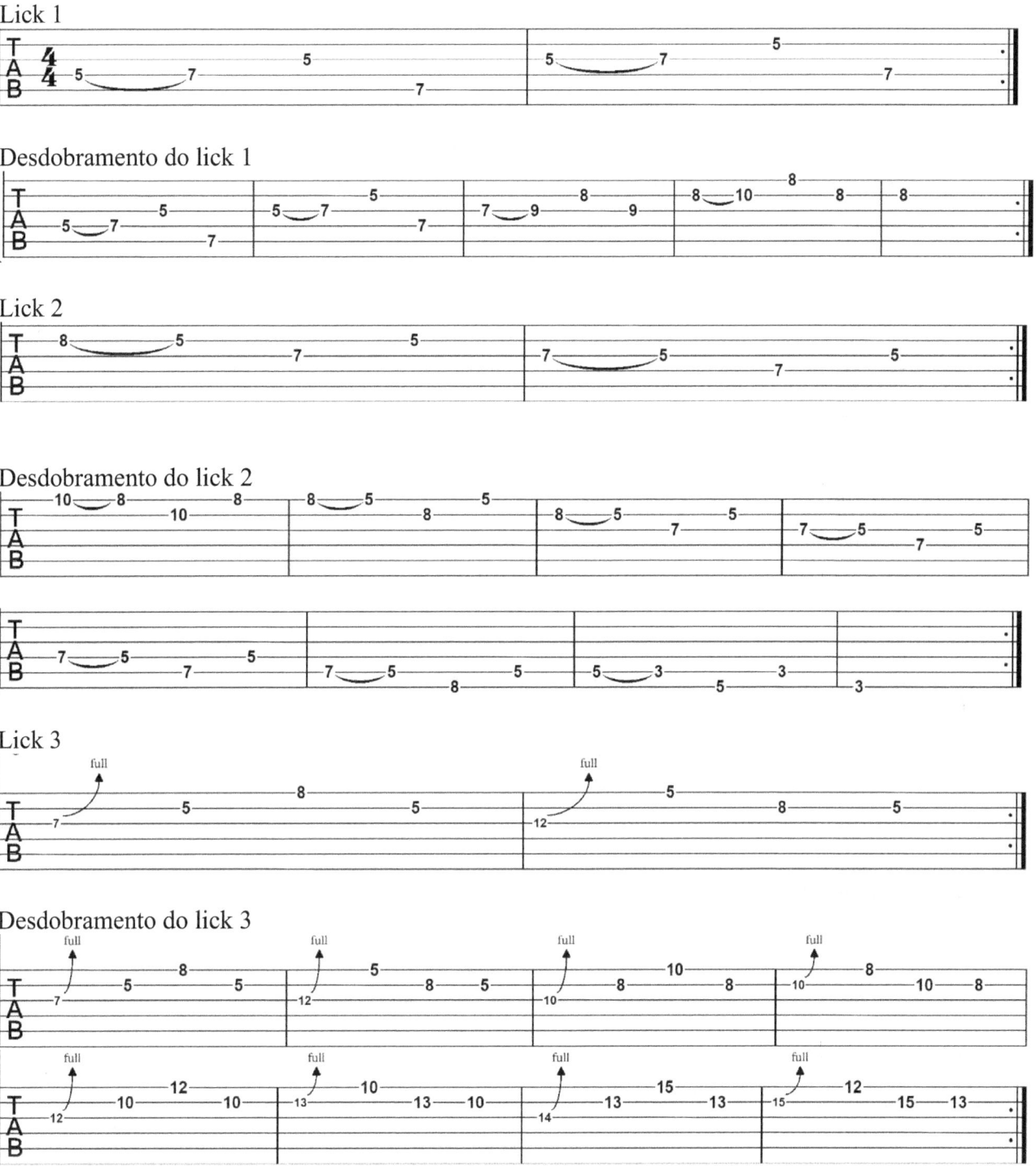

Desdobramento do lick 1

Lick 2

Desdobramento do lick 2

Lick 3

Desdobramento do lick 3

Lick 4

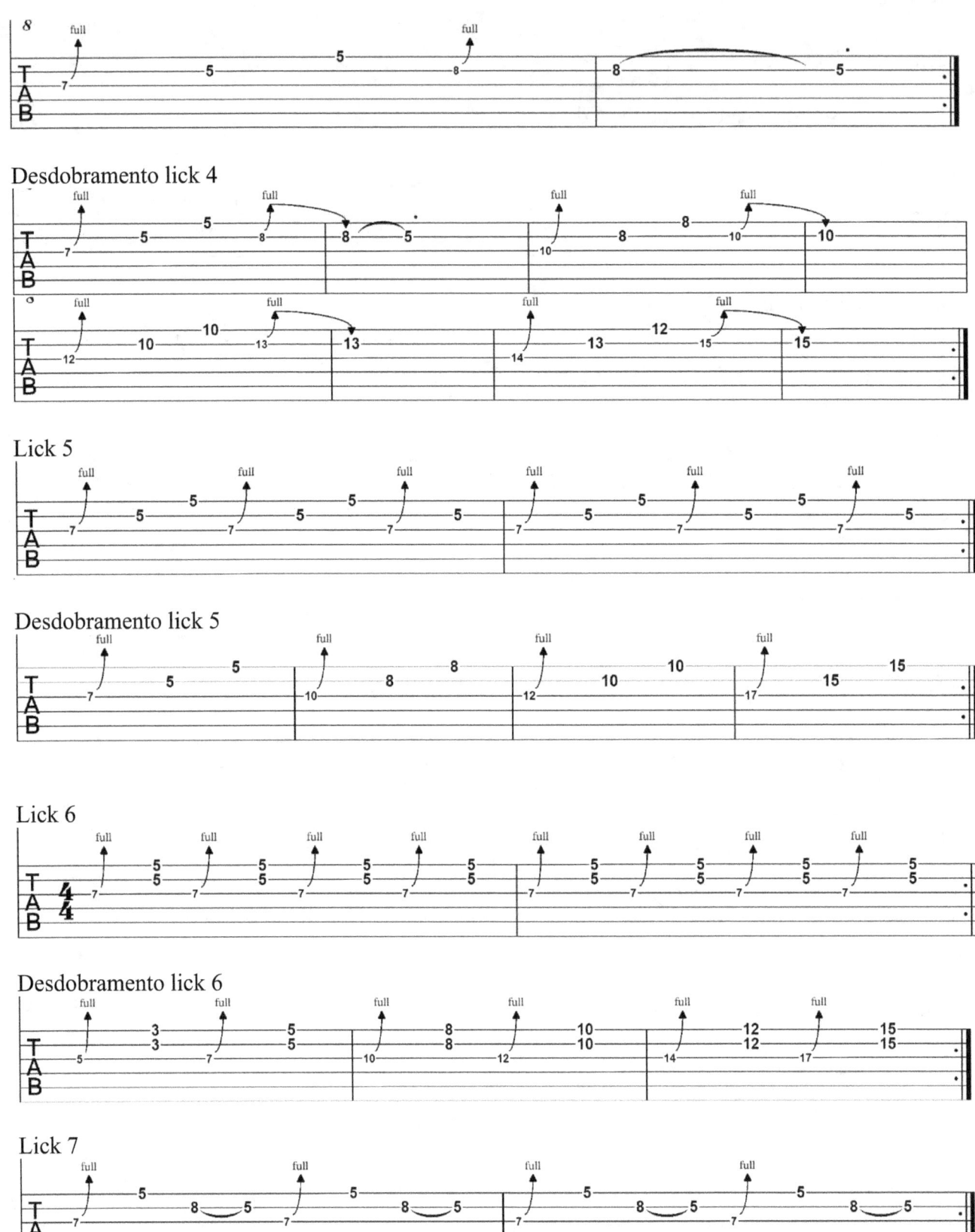

Desdobramento lick 4

Lick 5

Desdobramento lick 5

Lick 6

Desdobramento lick 6

Lick 7

Desdobramento lick 7

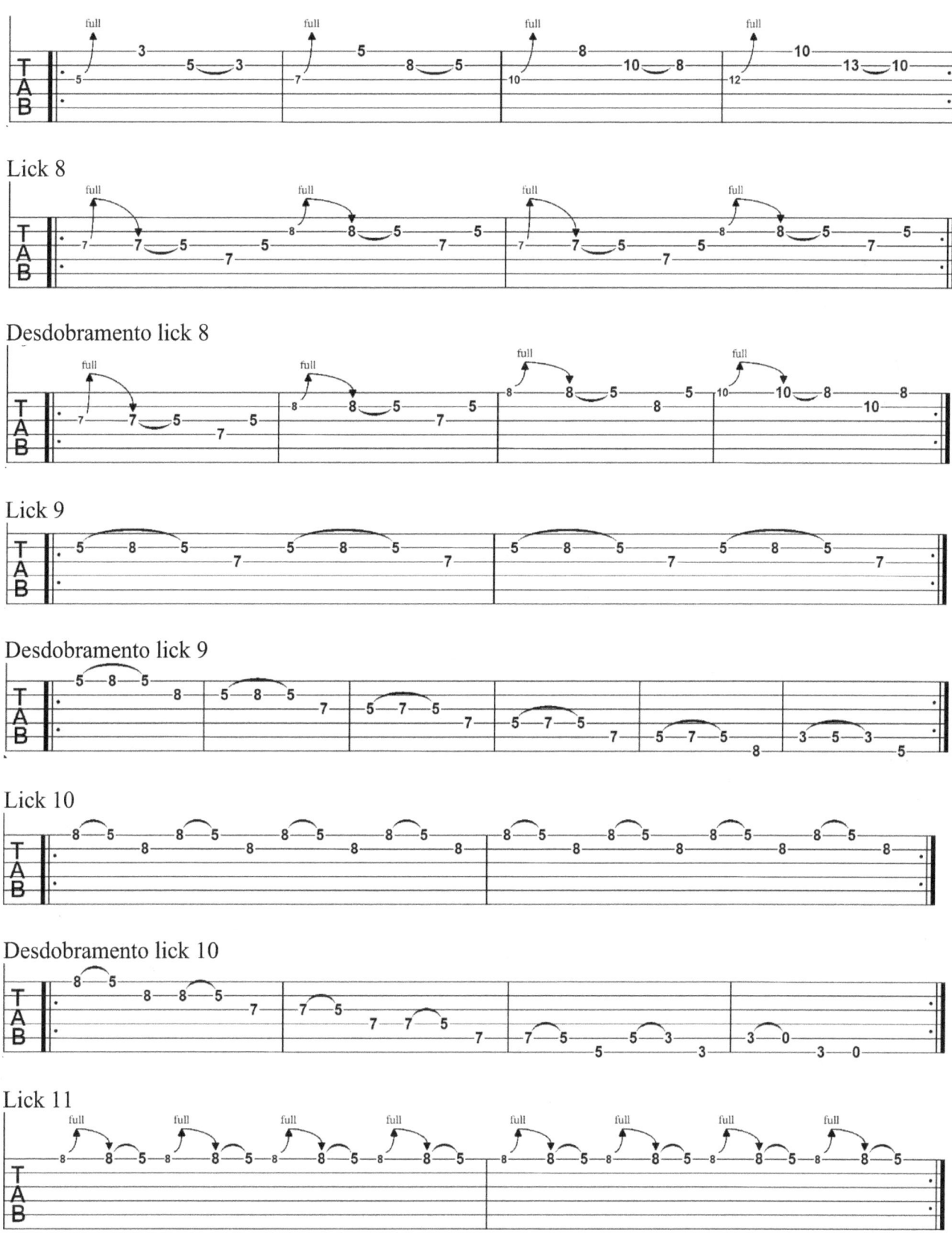

Lick 8

Desdobramento lick 8

Lick 9

Desdobramento lick 9

Lick 10

Desdobramento lick 10

Lick 11

Desdobramento lick 11

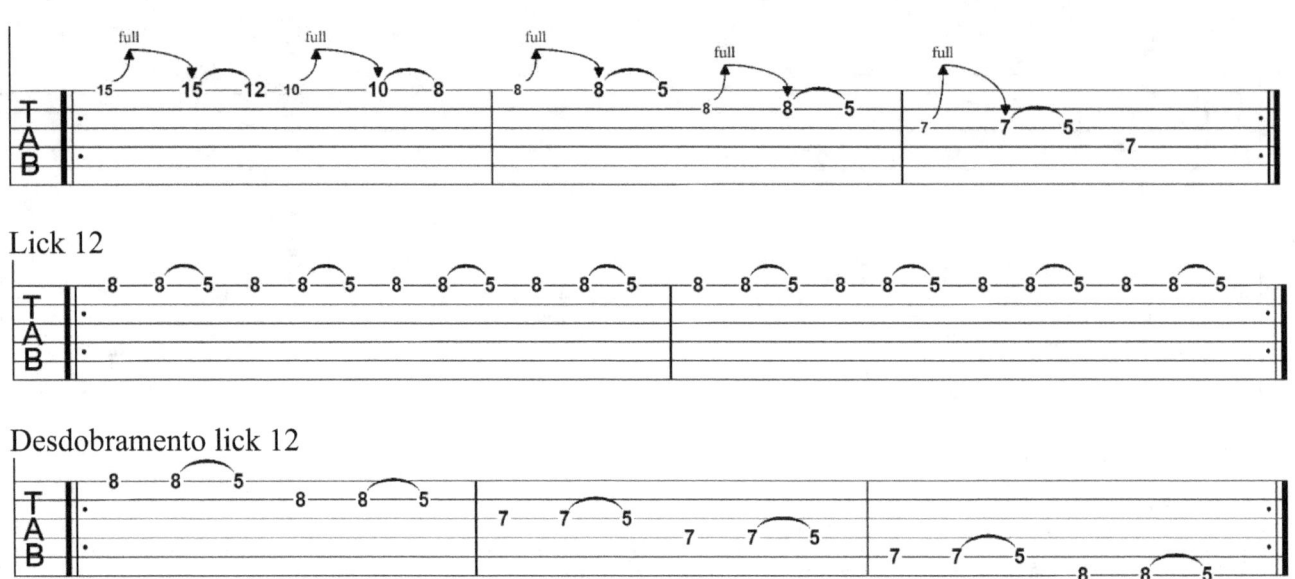

Lick 12

Desdobramento lick 12

Licks e Desdobramentos N.2

Construídos sobre a escala pentatônica de sol maior

Lick 1

Desdobramento lick 1

Lick 2

Desdobramento lick 2

Lick 3

Lick 4

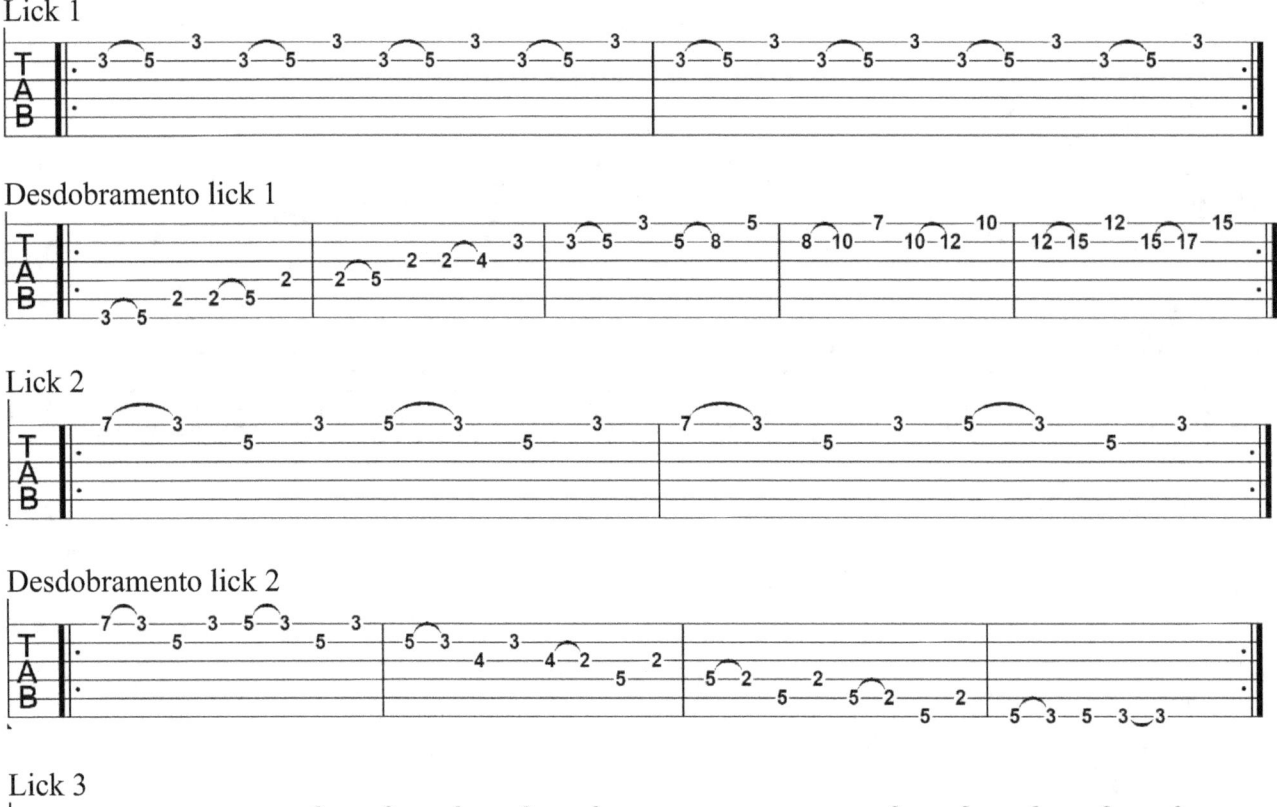

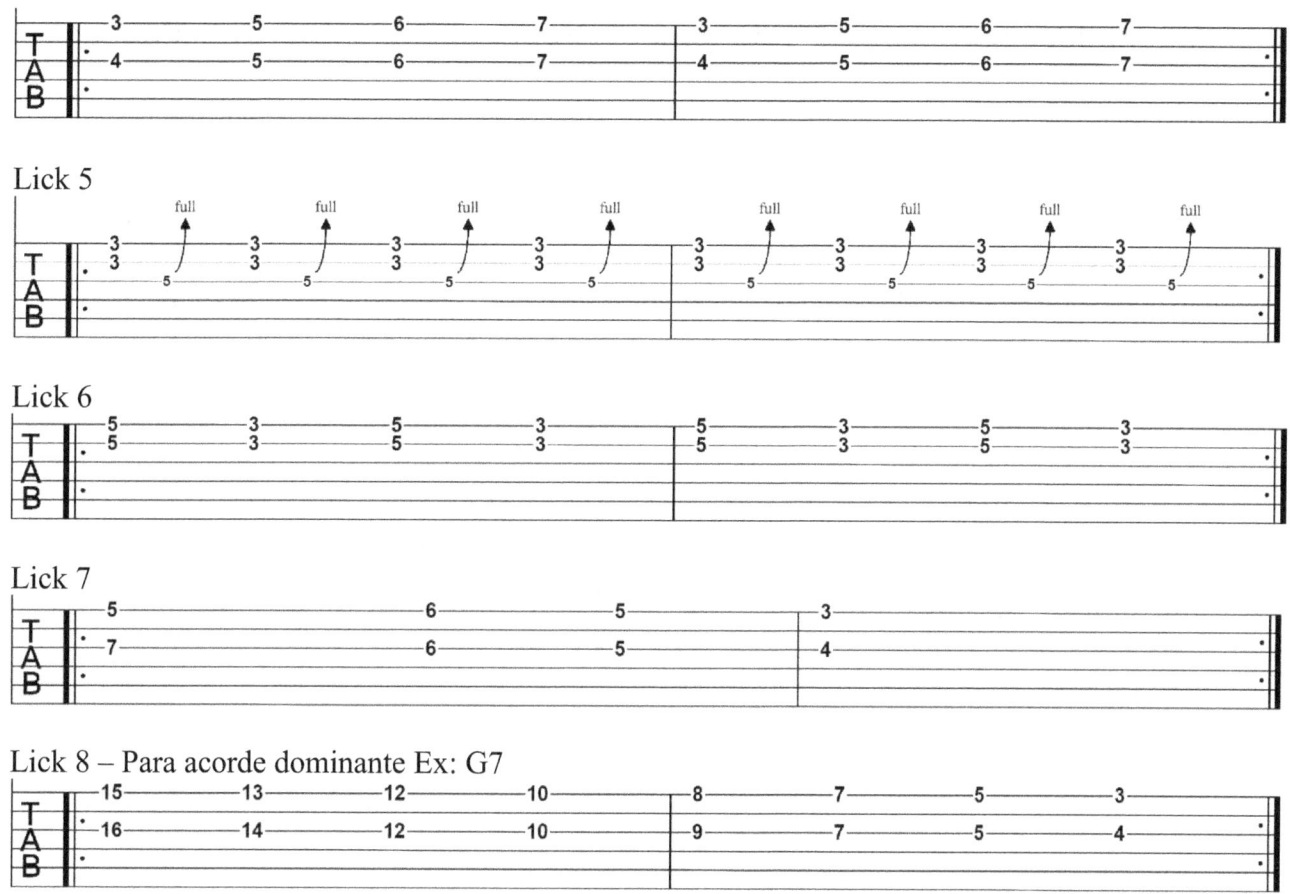

Lick 5

Lick 6

Lick 7

Lick 8 – Para acorde dominante Ex: G7

Pratique os licks em várias escalas para melhor fixação dos mesmos.
Você irá encontra-los em diversos gêneros musicais.

Modos Gregorinanos

Decorando a escala maior natural em todo braço da guitarra

Obs. As notas em vermelho indicam a localização da tônica dentro do desenho padrão da escala. No improviso ou em arranjos, essa nota serve de orientação para a escala ou para o acorde que está sendo usado, por isso é de suma importância saber onde ela se localiza.

Os Modos Gregorianos: Tendo como referência a Tonalidade de DóM e Lám

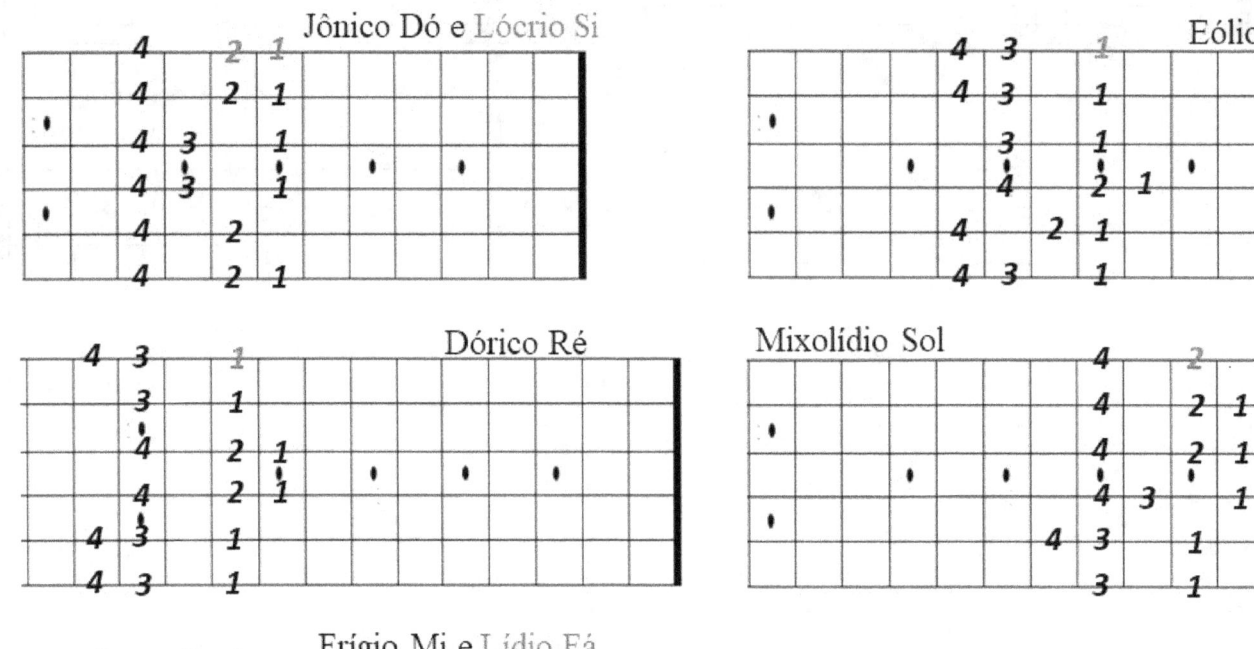

Jônico Dó e Lócrio Si

Eólio Lá

Dórico Ré

Mixolídio Sol

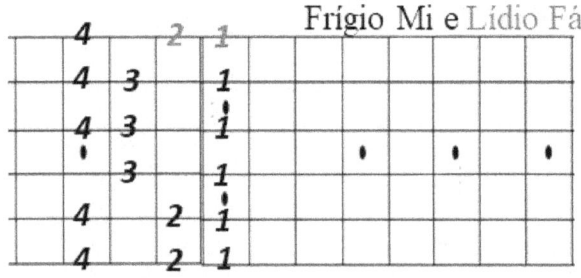

Frígio Mi e Lídio Fá

Exercíco para Fixação das Escalas: Maior e Menor

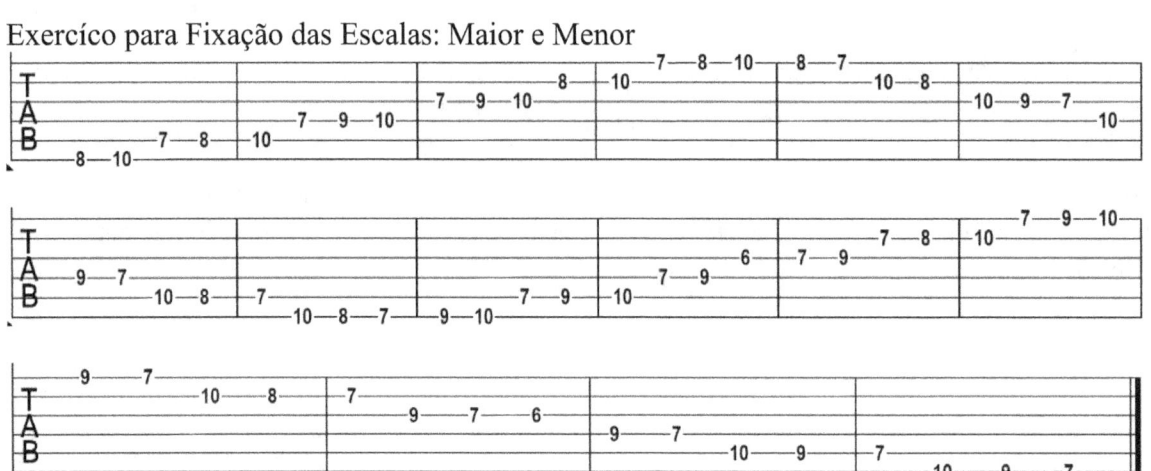

Escalas Pentatônicas

As 5 escalas pentatônicas tendo como ponto de referencia a tonalidade de Lám e DóM

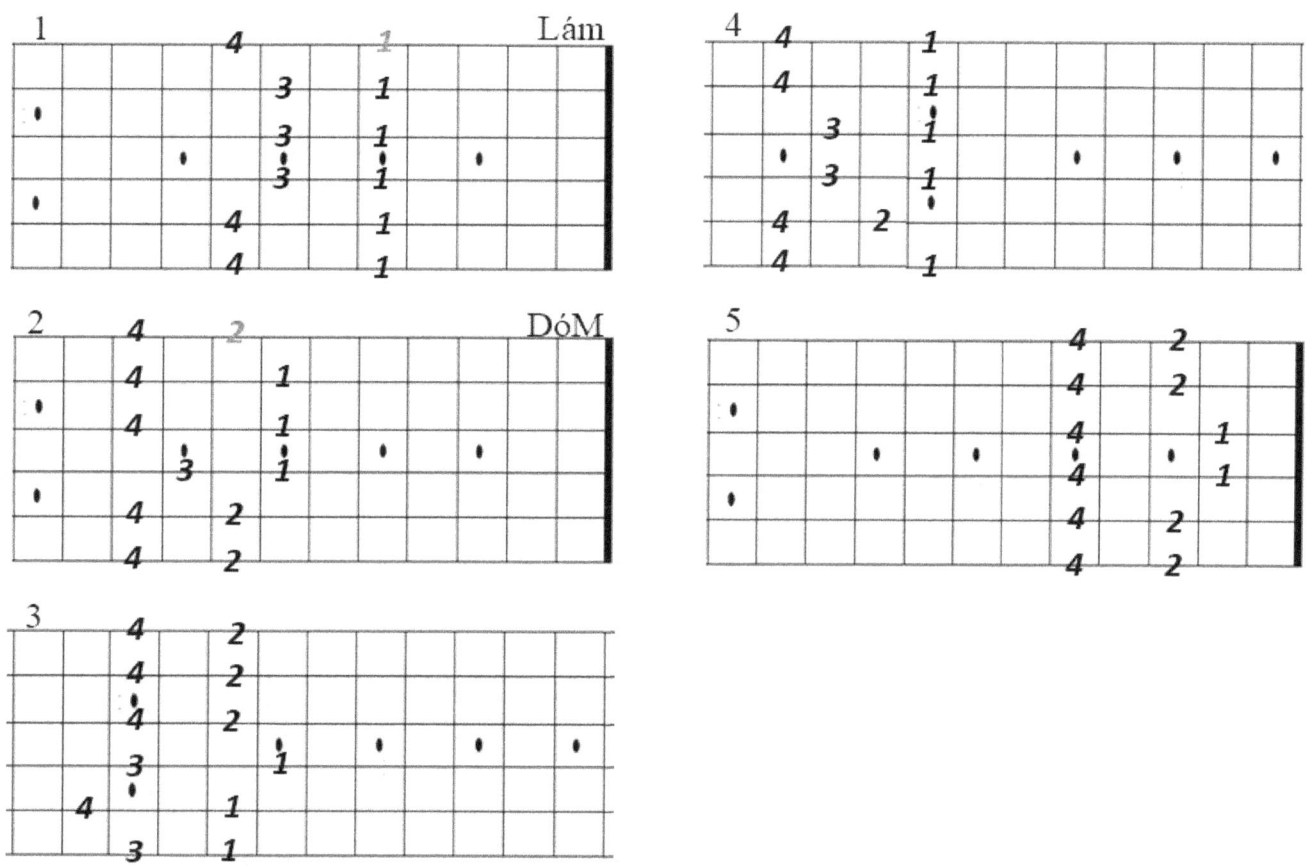

É muito importância transpor e tocar as escalas em todos os 12 tons existentes.

1- Exercícios para fixação das escalas pentatônicas

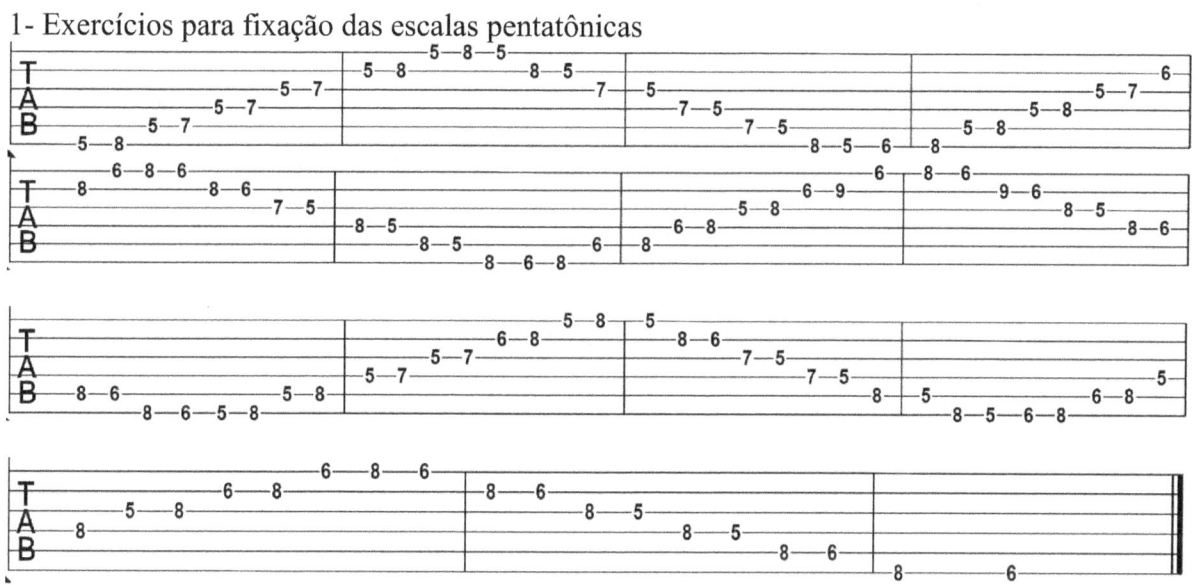

2- Exercício para fixação das escalas em toda a extensão do braço da guitarra

```
T|----------------------------|----------|----5--8---|--10--8------|----------|--------------|
A|----------------5--7--------|----5--7--|-5--8------|--------10--8-|-9--7-----|--------------|
B|----------5--7--------------|-5--7-----|-----------|-------------|-----10--7-|-10--7--------|
 |----5--8--------------------|----------|-----------|-------------|----------|-----10--8----|
```

```
T|----------------------------||---------|------10--12--|--15--12-----|----------|--------------|
A|----------------9--12-------||----10--12|-10--13-------|-----15--13--|-14--12---|--------------|
B|----------10--12------------||-10--12---|-------------|-------------|-----14--12|-15--12-------|
 |----10--12------------------||---------|-------------|-------------|----------|-----15--12---|
```

```
T|----------------------------|----------|---15--17----|--20--17-----|----------|--------------|
A|----------------14--17------|-15--17---|-15--17------|-----20--17--|-19--17---|--------------|
B|----------14--17------------|-14--17---|-------------|-------------|-----19--17|-19--17-------|
 |----15--17------------------|-15--17---|-------------|-------------|----------|-----20--17---|
```

Arpejos

Os arpejos são formados pelas três notas que formam os acordes

São tocados em estado fundamental ou invertidos (com a tônica no baixo ou outra nota do acorde)

Arpejos maiores

Exemplos em FáM

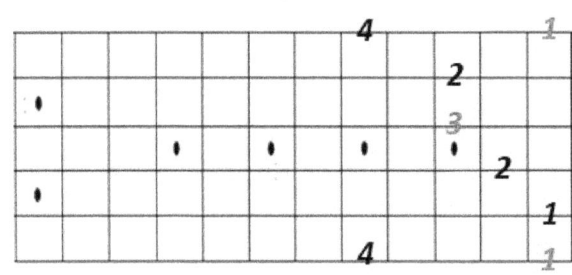

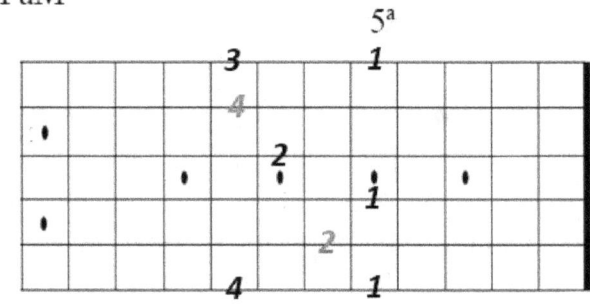

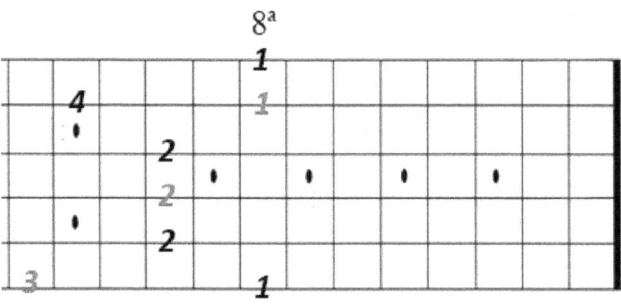

Exercícios para fixação do arpejo maior

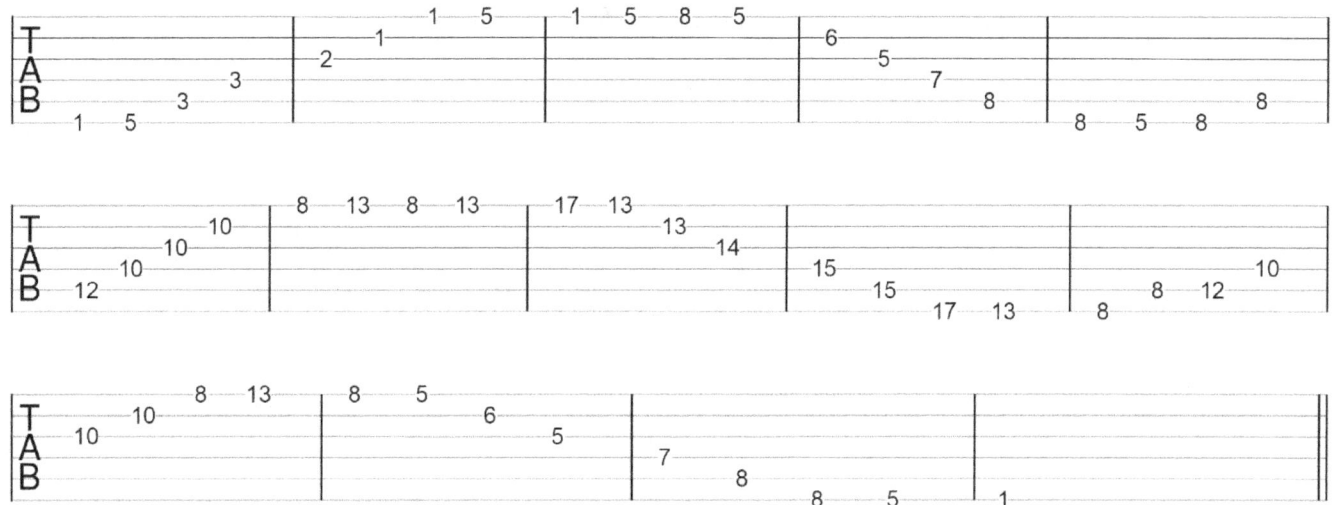

Arpejos Menores

Exemplos em Fám

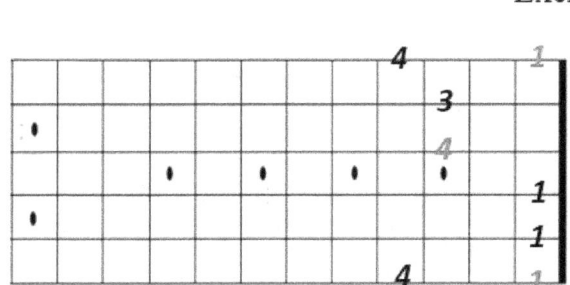

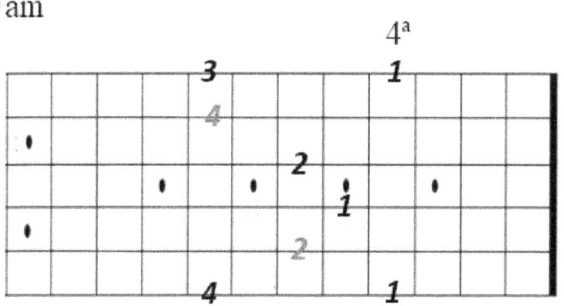

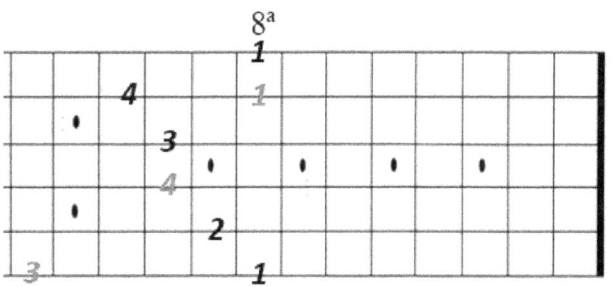

Exercícios para fixação dos arpejos menor

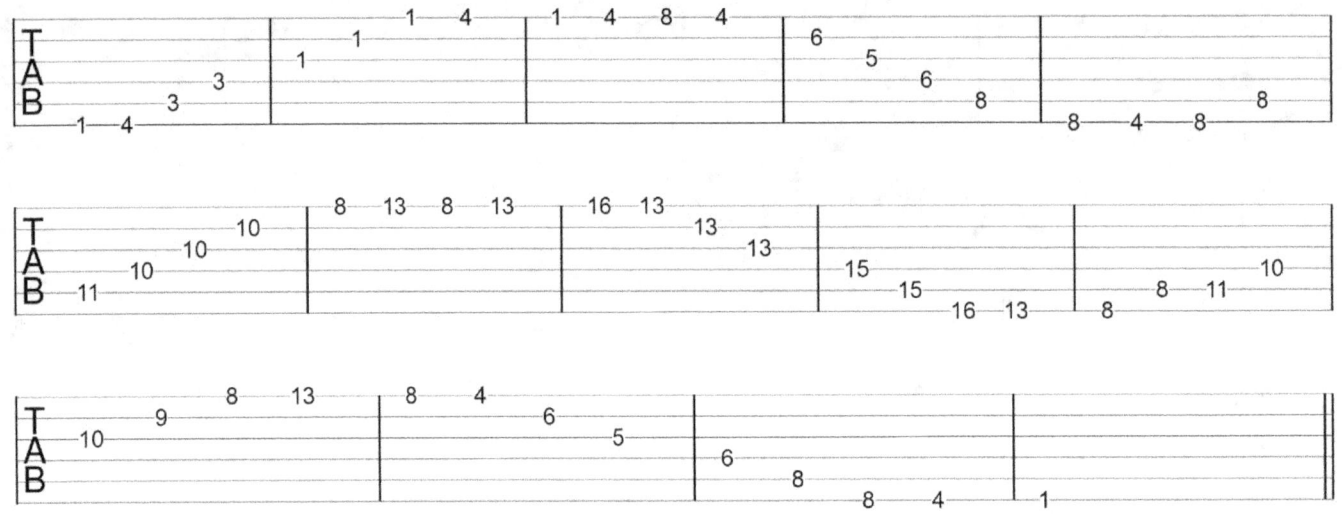

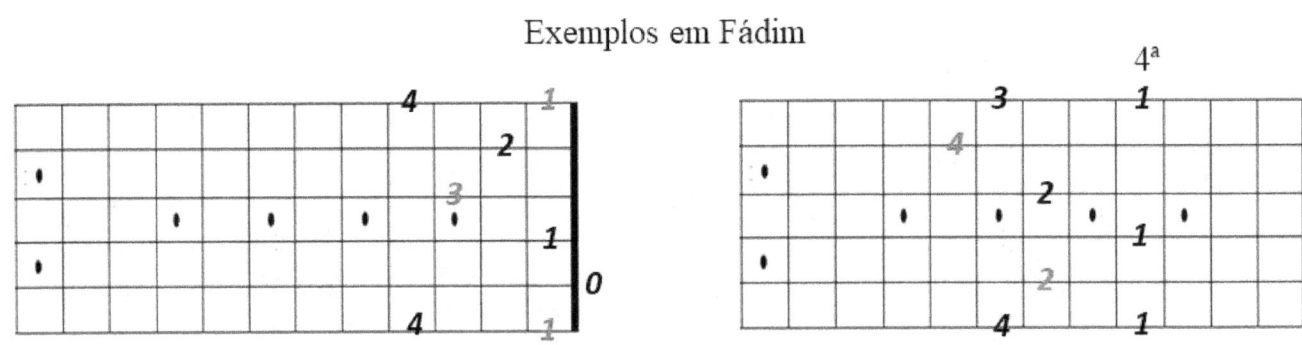

Arpejos Diminutos

Exemplos em Fádim

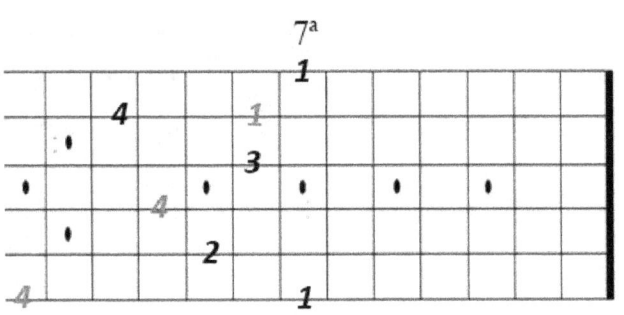

Exercícios para fixação de tríade diminuta

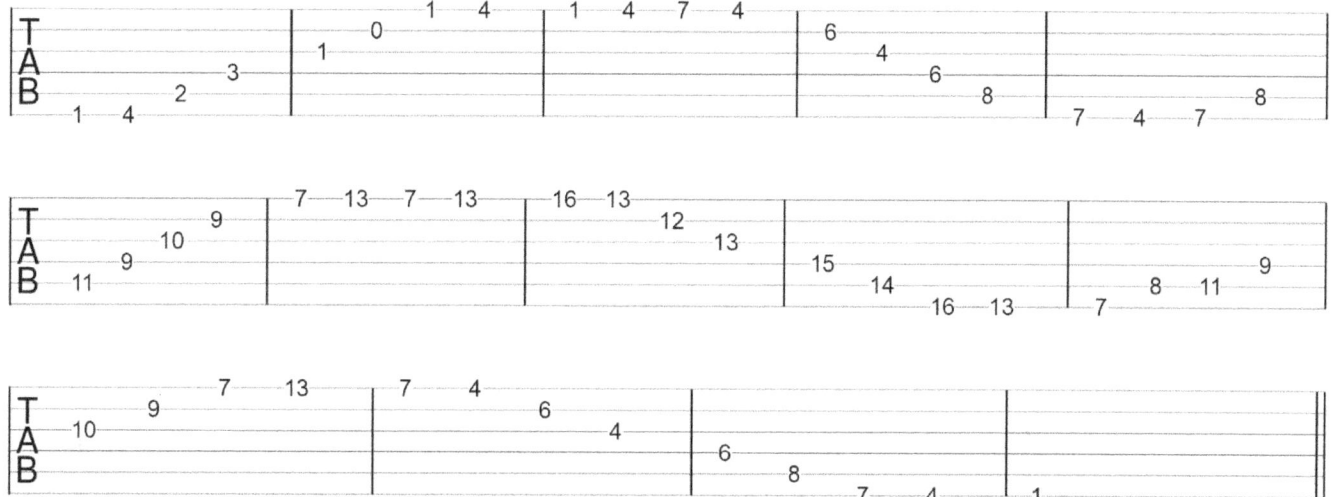

Arpejos Maiores com Sétima

Exemplos em Fá7

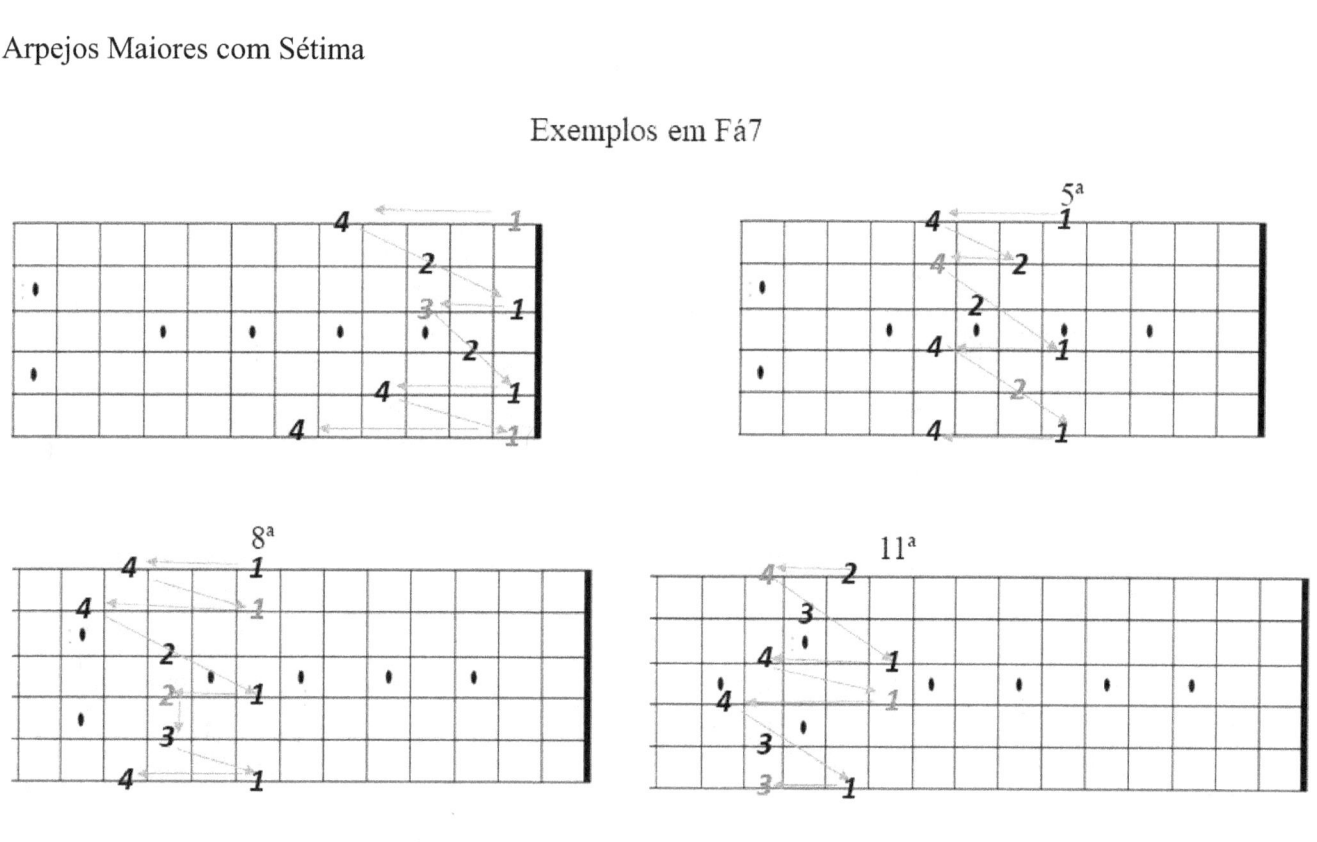

Exercícios Propostos Para Os Arpejos

Toque as progressões abaixo com os respectivos arpejos de cada acorde

Para os acordes maiores use arpejos maiores
Para os acordes com sétima use arpejos com sétima
Para acordes menores use arpejos menores
Para acordes diminutos e meio diminutos use arpejos
Toque oito notas para cada acorde

1)- ‖   E | C#m | F#m | B7   ‖

2)- ‖   D | B7 | Em | A7   ‖

3)- ‖   G | G#dim | Am | D7   ‖

4)- ‖   C | Ebdim | Dm | G7   ‖

5)- ‖   Am | Dm7 | Bm7/5b | E7   ‖

6)- ‖   Em | Dm | C | B7   ‖

7)- ‖   F7 | D7 | Gm | C7   ‖

Acorde Invertido

É quando a nota mais grave do acorde (o baixo) está outra nota diferente da nota que dá nome ao acorde

Acordes Maiores e suas inversões

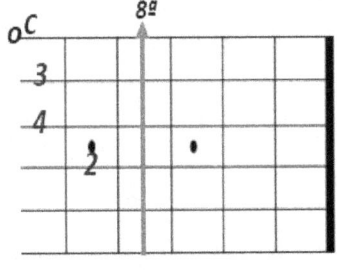 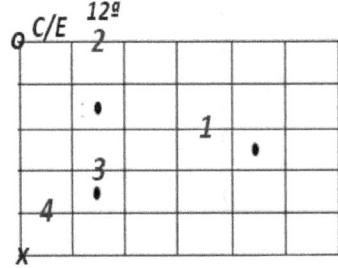 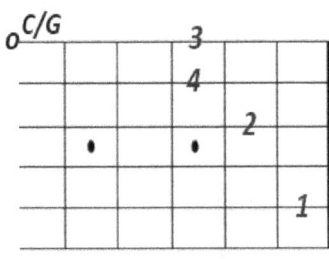

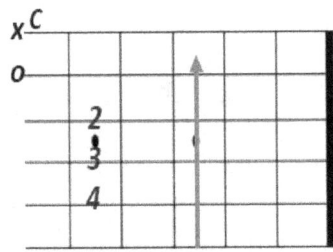 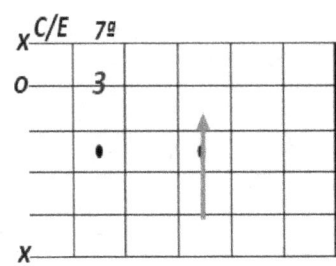

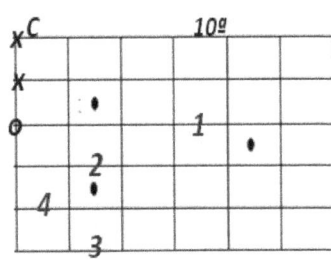 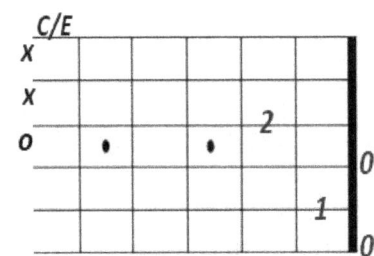 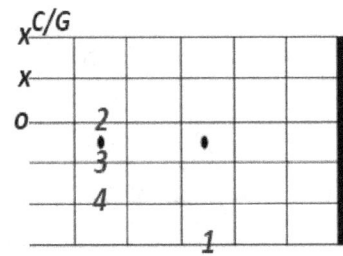

Acordes Menore e suas Inversões

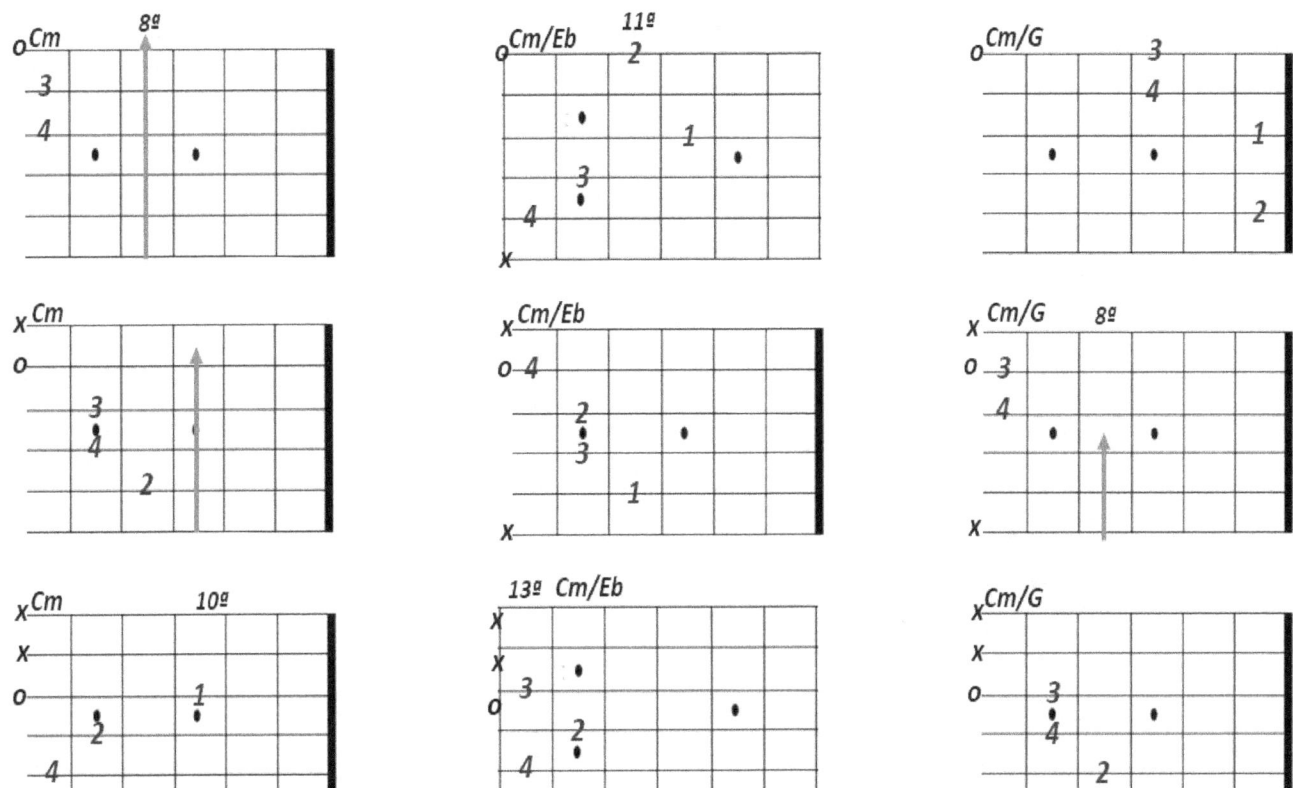

Acordes Maiores com Sétima e suas Inversões

6ª Corda

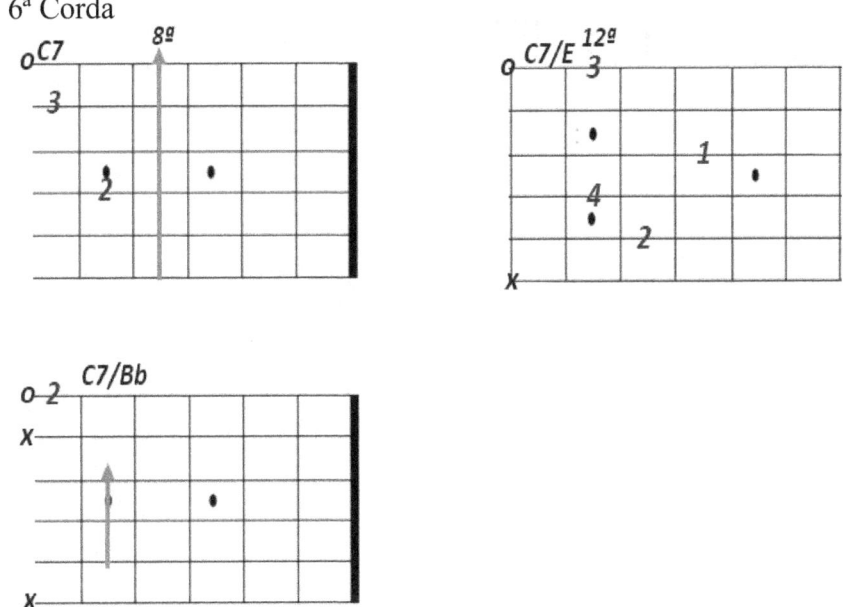

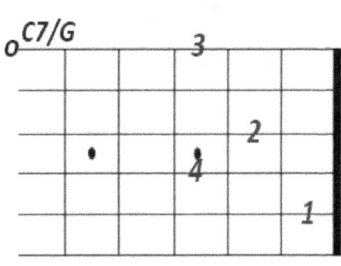

5ª Corda

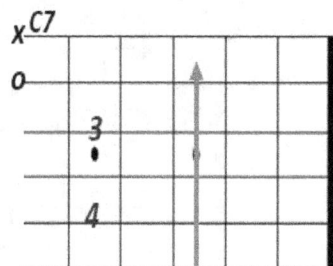

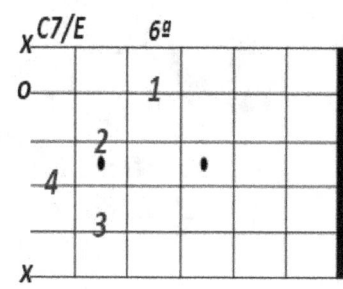

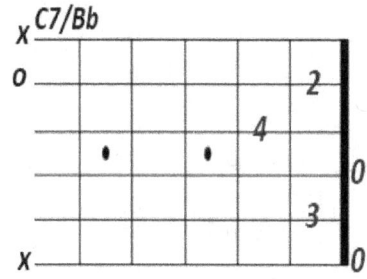

4ª Corda

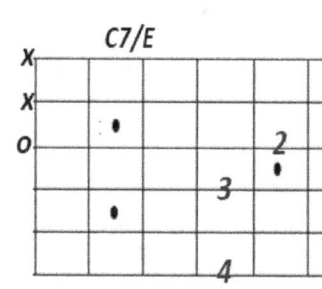

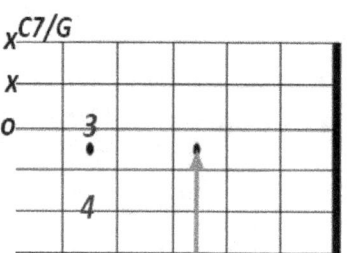

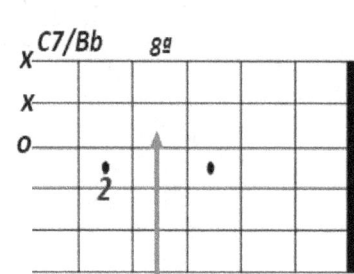

Modos Gregorianos - Padrão com três notas em cada corda

Os padrões apliam a nossa capacidade de enxergar as escalas no braço da guitarra

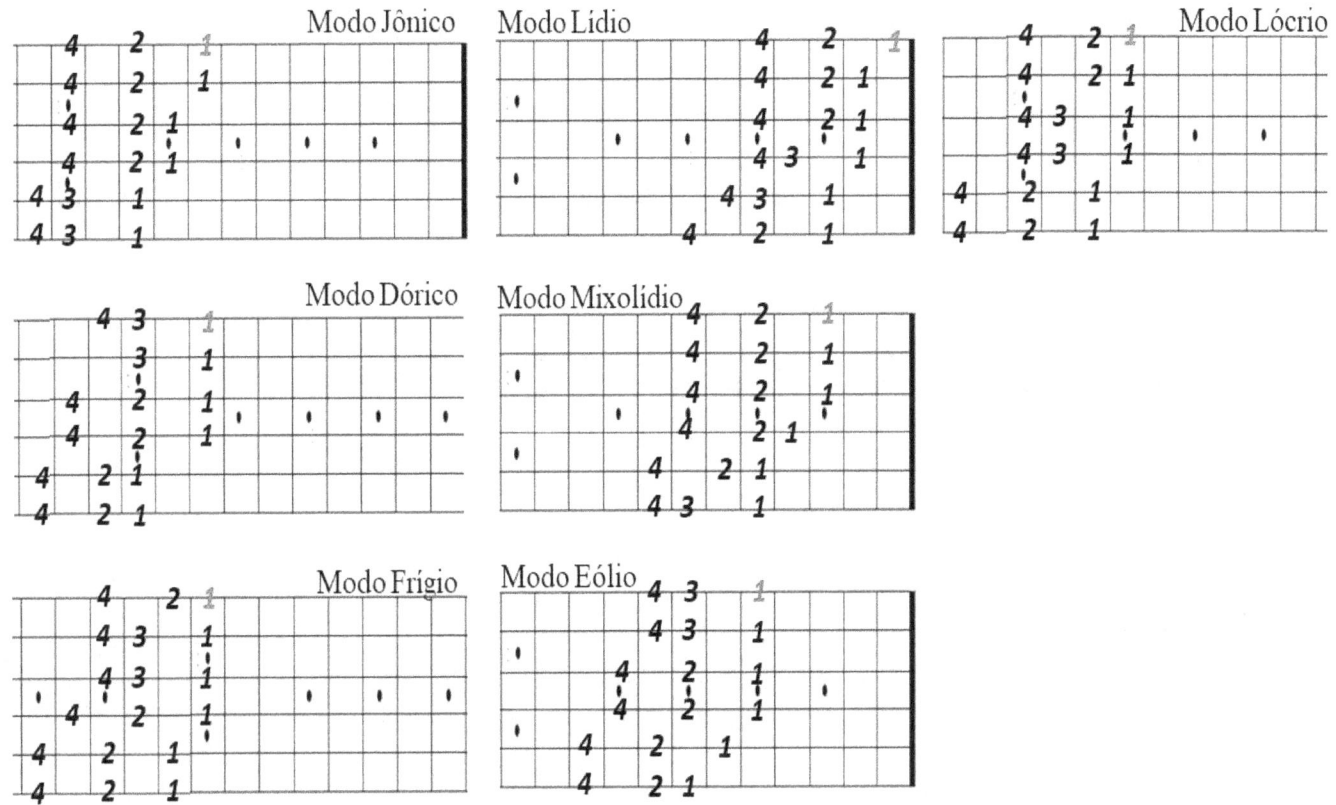

Exercícios para Fixação dos Modos Maiores

Jônico - Lídio - Mixolídio

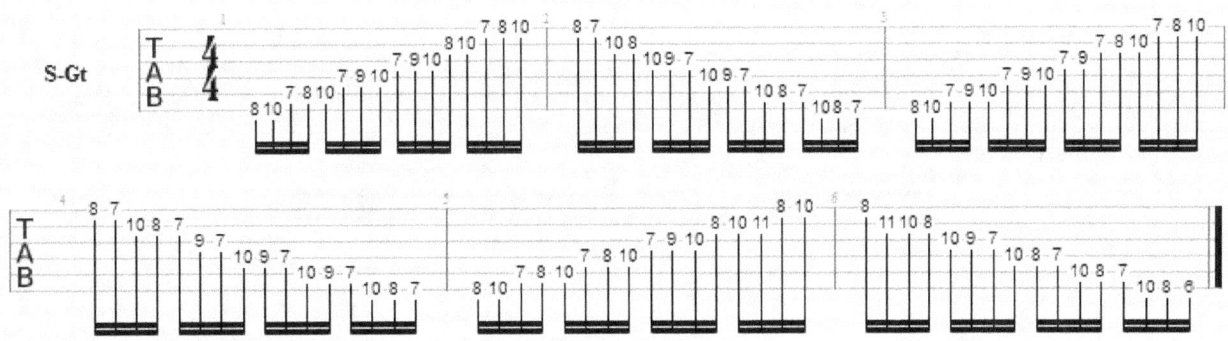

Exercícios para Fixação dos Modos Menores

Eólio - Dórico - Frígio - Lócrio

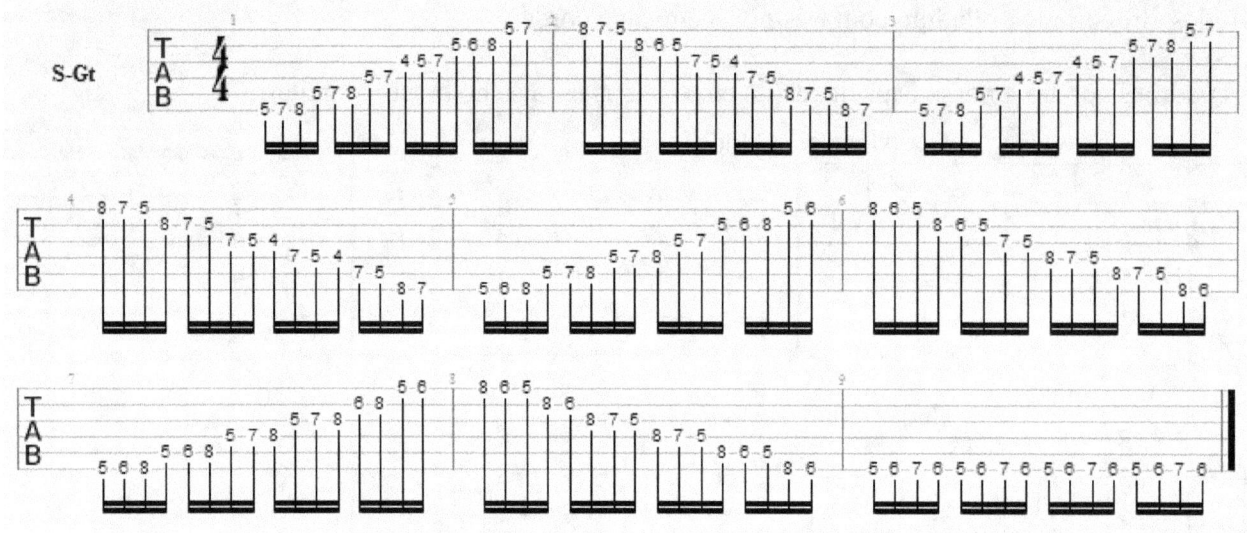

Exercícios Melódicos para os Modos Gregorianos

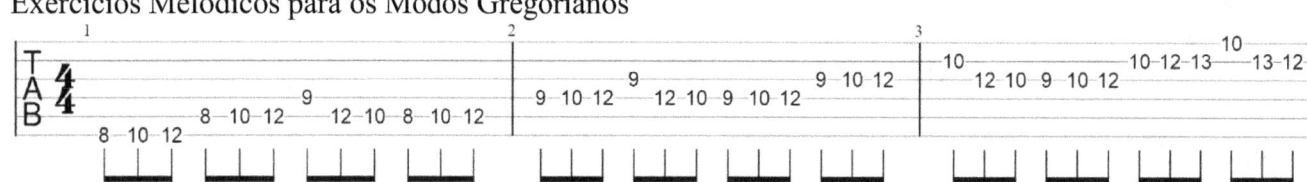

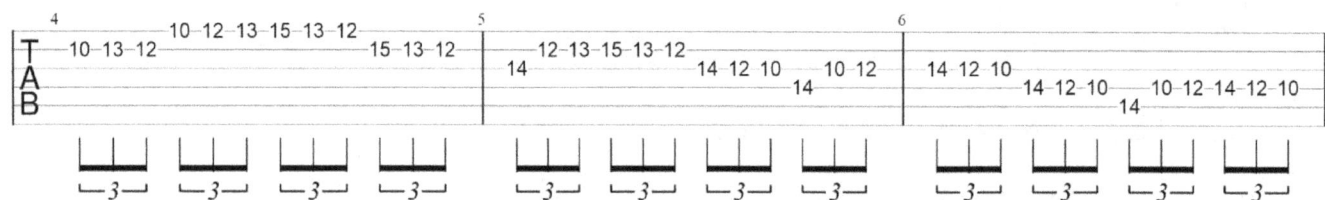

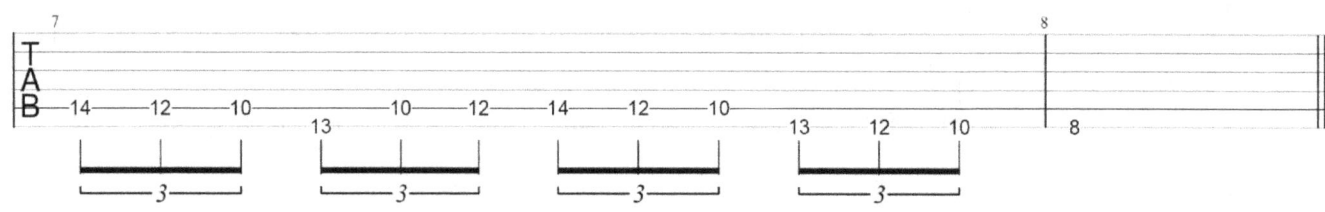

Exercícios 2 para Fixação dos Modos Maiores

Jônico - Lídio - Mixolídio

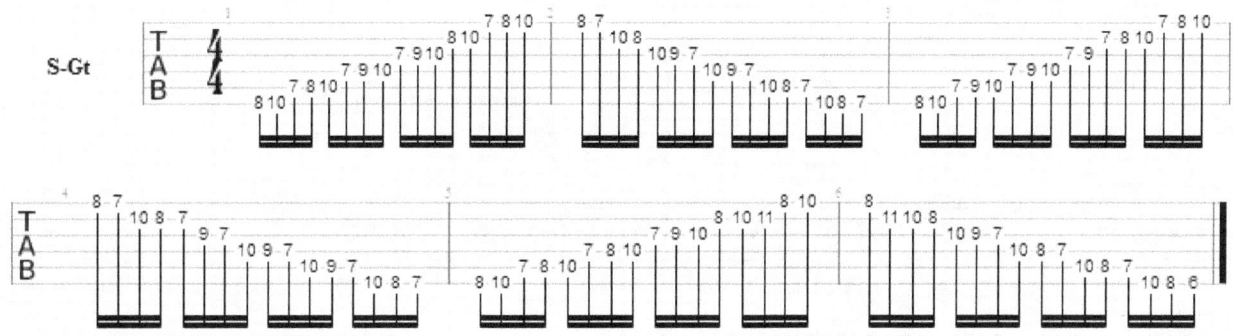

Exercícios para Fixação dos Modos Menores

Eólio - Dórico - Frígio - Lócrio

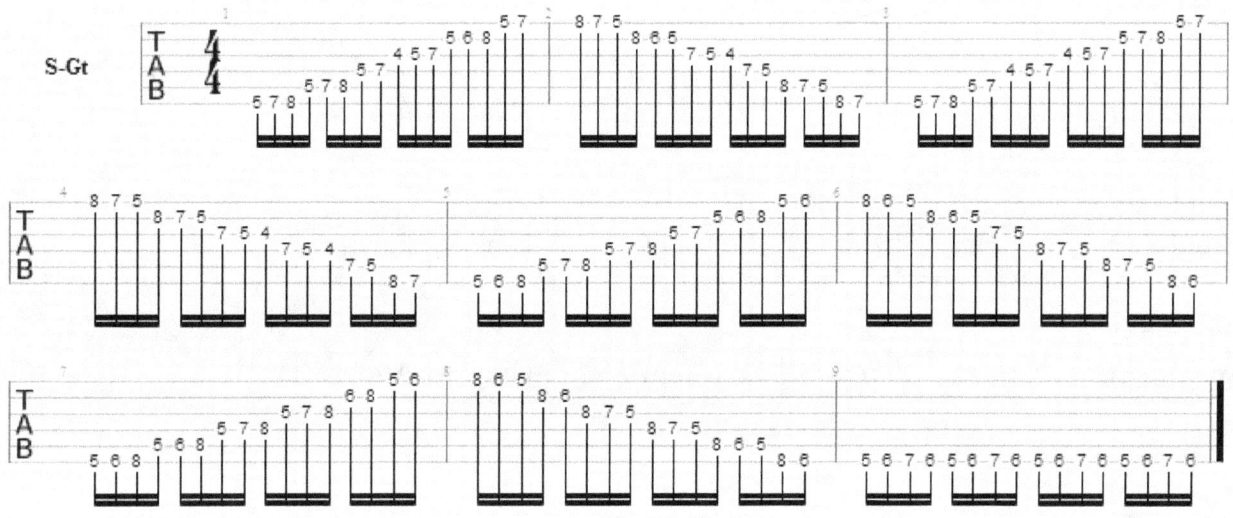

Campos Harmônicos (Tonalidades)

Existem duas tonalidade no sistema musical, uma maior e outra menor, sendo 12 tonalidades maiores e 12 tonalidades menores.

Toda musica está em uma dessas tonalidades. Por isso é muito importante saber todos os acordes de cada tonalidade.

A seguir as 12 tonalidades maiores a saber

Tom: DóM

Acordes	C	Dm	Em	F	G7	Am	Bm7/b5

Tom: SolM

Acordes	G	Am	Bm	C	D7	Em	F#m7/b5

Tom:RéM

| Acordes | D | Em | F#m | G | A7 | Bm | C#m7/b5 |

Tom:LáM

| Acordes | A | Bm | C#m | D | E7 | F#m | G#m7/b5 |

Tom:MiM

| Acordes | E | F#m | G#m | A | B7 | C#m | D#m7/b5 |

Tom:SiM

| Acordes | B | C#m7 | D#m7 | E | F7 | G#m | A#m7/b5 |

Tom:Fá#M

| Acordes | F# | G#m7 | A#m7 | B | C#7 | D#m | E#m7/b5 |

Tom:Dó#M

| Acordes | C# | D#m | E#m | F# | G#7 | A#m | B#m7/b5 |

Tom:FáM

| Acordes | F | Gm | Am | Bb | C7 | Dm | Em7/b5 |

Tom:SibM

| Acordes | Bb | Cm | Dm | Eb | F7 | Gm | Am7/b5 |

Tom:MibM

| Acordes | Eb | Fm | Gm | Ab | Bb7 | Cm | Dm7/b5 |

Tom:LábM

| Acordes | Ab | Bbm | Cm | Db | Eb7 | Fm | Gm7/b5 |

Tom:RébM

| Acordes | Db | Ebm | Fm | Gb | Ab7 | Bbm | Cm7/b5 |

Tom:SolbM

| Acordes | Gb | Abm | Bbm | Cb | Db7 | Ebm | Fm7/b5 |

Tom:DóbM

| Acordes | Cb | Dbm | Ebm | Fb | Gb7 | Abm | Bbm7/b5 |

A seguir as 12 tonalidades menores a saber

Campo Harmônico Lám

Acordes	Am	Bm7/5b	C	Dm	Em	F	G7

Campo Harmônico Mim

Acordes	Em	F#m7/5b	G	Am	Bm	CM	D7

Campo Harmônico Sim

Acordes	Bm	C#m7/5b	D	Em	F#m	G	A7

Campo Harmônico Fá#m

Acordes	F#m	G#m7/5b	A	Bm	C#m	D	E7

Campo Harmônico Dó#m

Acordes	C#m	D#m7/5b	E7M	F#m	G#m	A	B7

Campo Harmônico Sol#m

Acordes	G#m	A#m7/5b	B	C#m	D#m	E	F#7

Campo Harmônico Ré#m

Acordes	D#m	E#m7/5b	F#	G#m	A#m	B	C#7

Campo Harmônico Lá#m

Acordes	A#m	B#m7/5b	C#	D#m	E#m	F#	G#7

Campo Harmônico Rém

Acordes	Dm	Em7/5b	F	Gm	Am	Bb	C7

Campo Harmônico Solm

Acordes	Gm	Am7/5b	Bb	Cm	Dm	Eb	F7

Campo Harmônico Dóm

Acordes	Cm	Dm7/5b	Eb	Fm	Gm	Ab	Bb7

Campo Harmônico Fám

Acordes	Fm	Gm7/5b	Ab	Bbm	Cm	Db	Eb7

Campo Harmônico Sibm

Acordes	Bbm	Cm7/5b	Db	Ebm	Fm	Gb	Ab7

Campo Harmônico Míbm

Acordes	Ebm	Fm7/5b	Gb	Abm	Bbm	Cb	Db7

Campo Harmônico Lábm

Acordes	Cbm	Dbm7/5b	Eb	Fbm	Gbm	Ab	Bb7

Dicionário de Acordes Maiores

Acordes: C

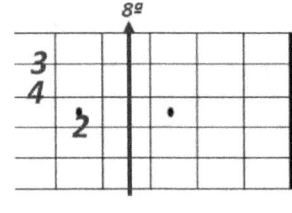
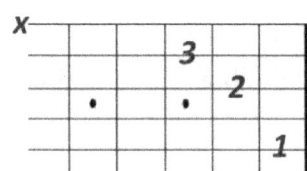
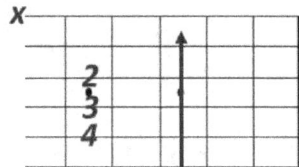

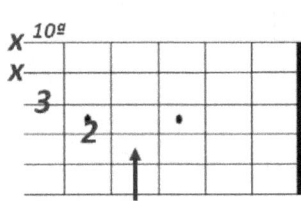
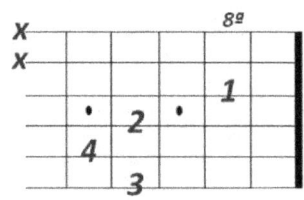

Acordes Maiores Triádicos: Estado Fundamental, 1ª inversão e 2ª inversão

São acordes muito utilizados pelos guitarristas, quando estes estão tocando acompanhados por outro(s) instrumento(s)

C   C/E   C/G

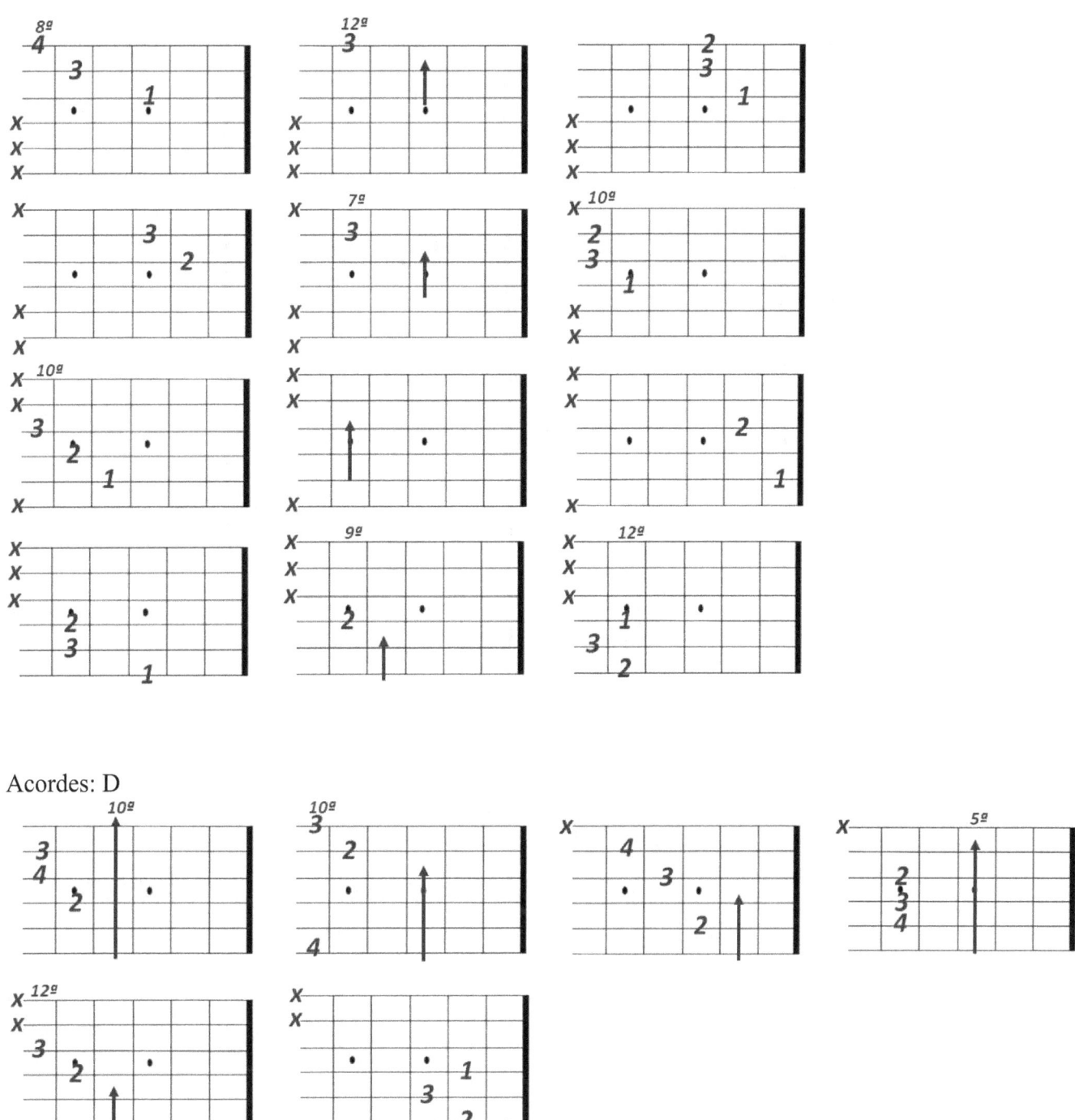

Acordes: D

Acordes Triádicos RéM: Estado Fundamental, 1ª inversção e 2ª inversão

D   D/F#   D/A

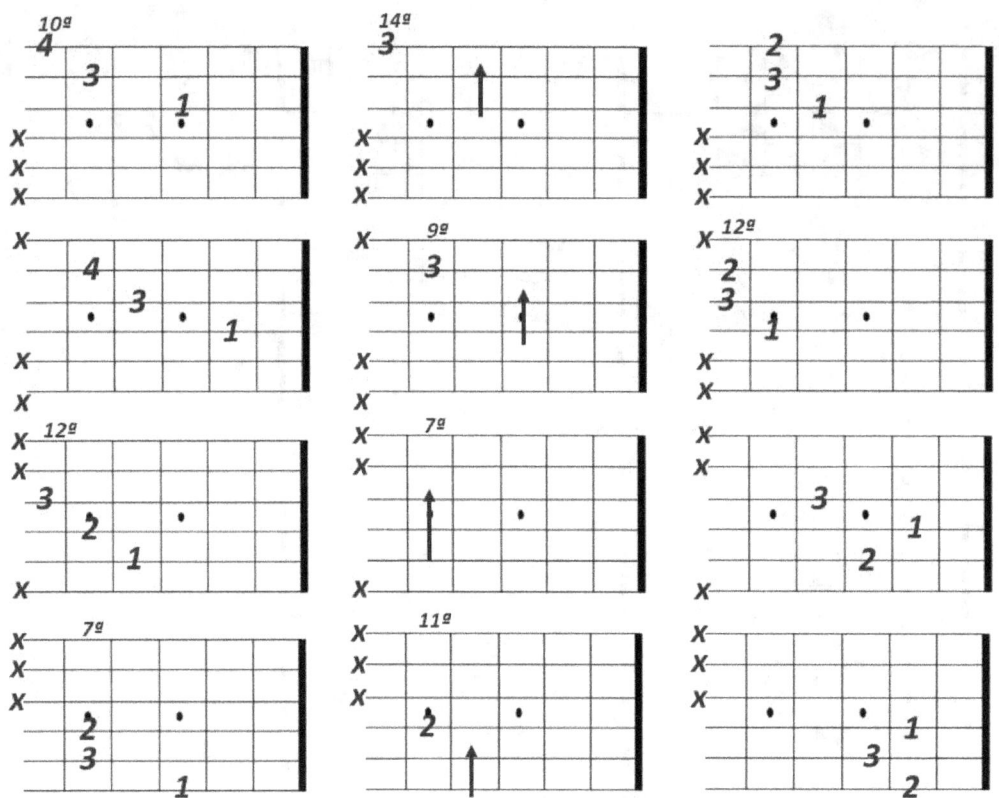

Acordes: E

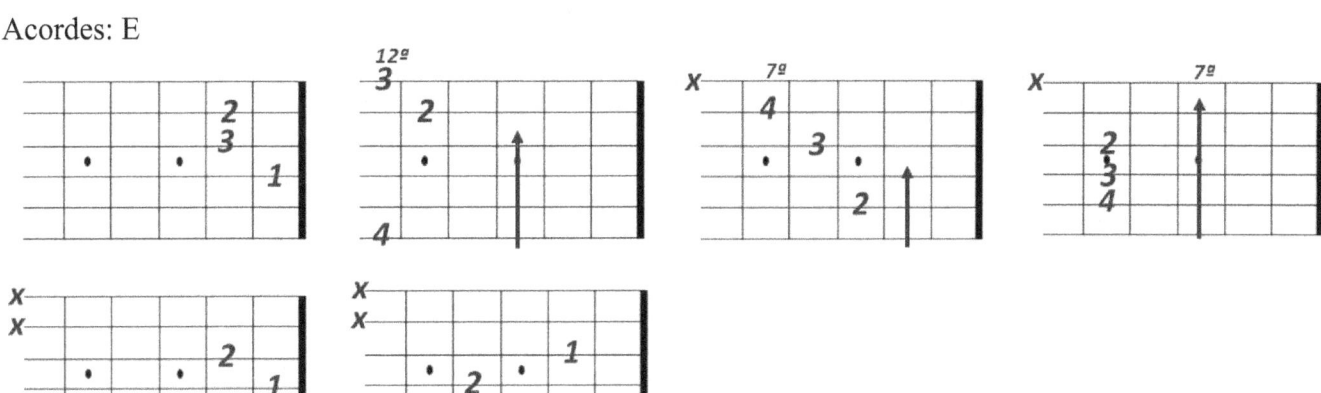

Acordes Triádicos MiM: Estado Fundamental, 1ª inversção e 2ª inversão

E   E/G#   E/B

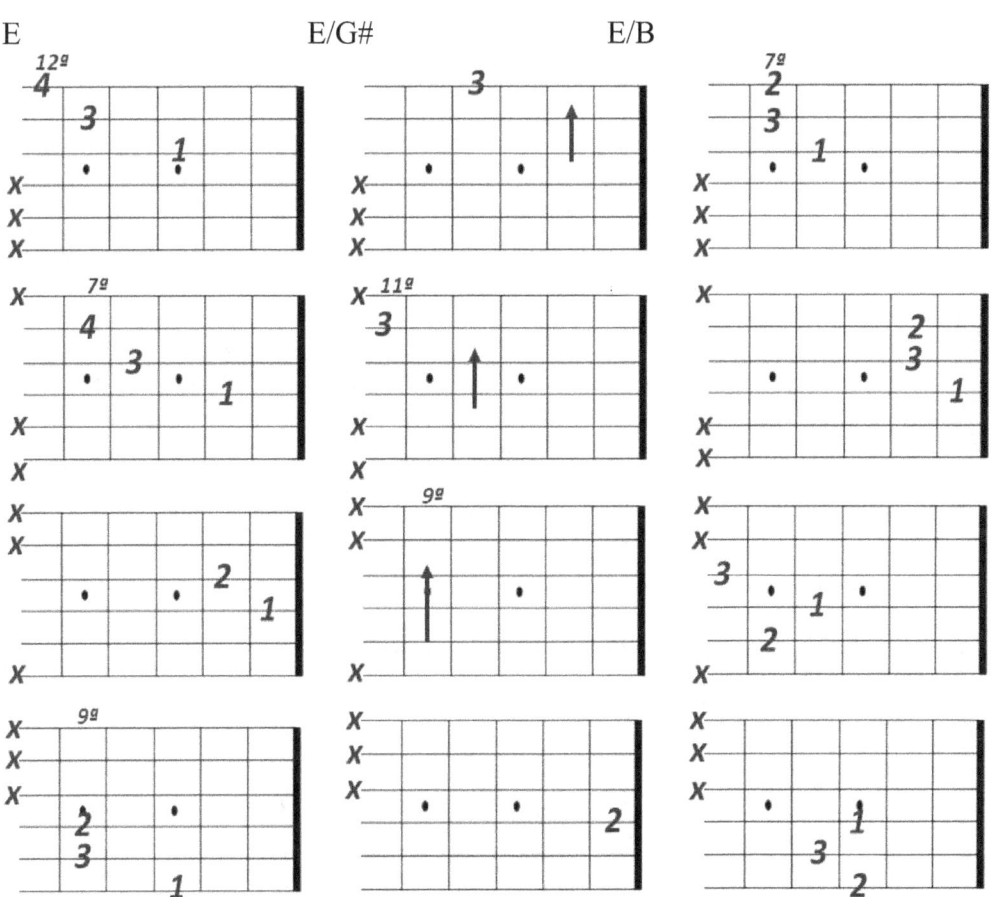

Acordes: F

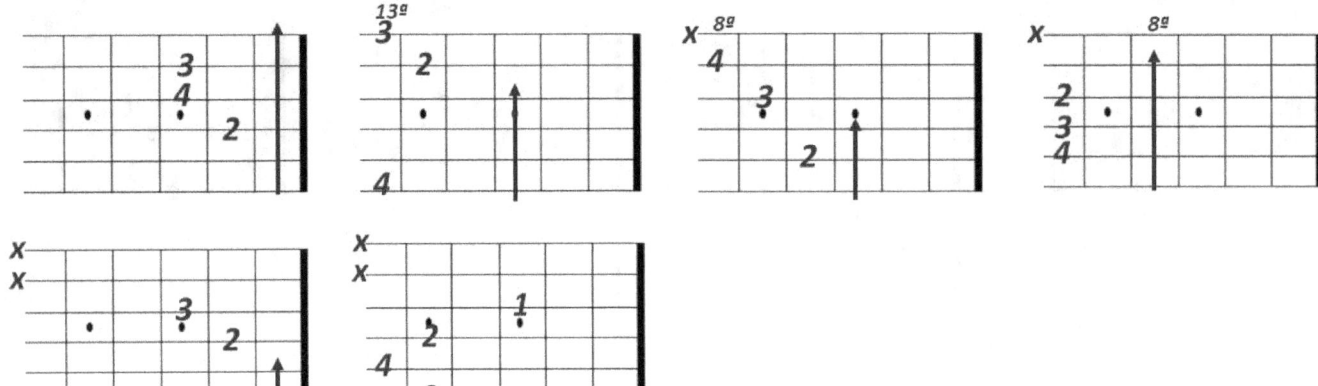

Acordes Triádicos FáM: Estado Fundamental, 1ª inversção e 2ª inversão

F   F/A   F/C

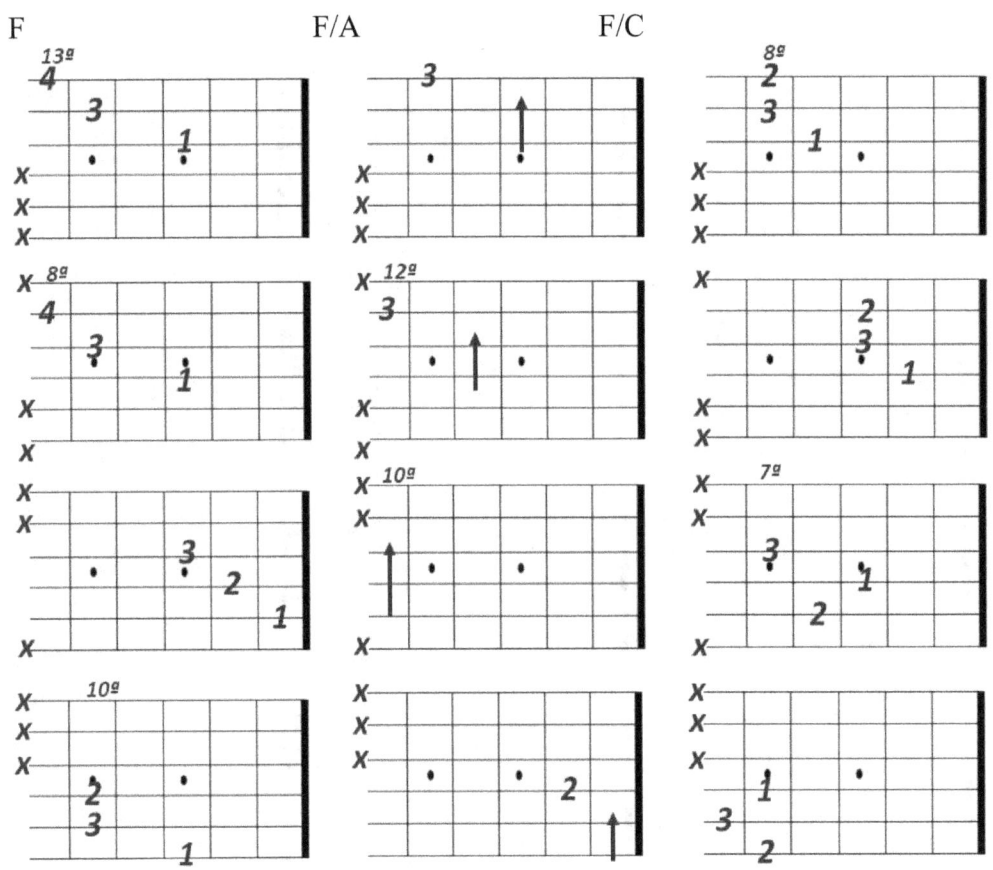

Acordes: G

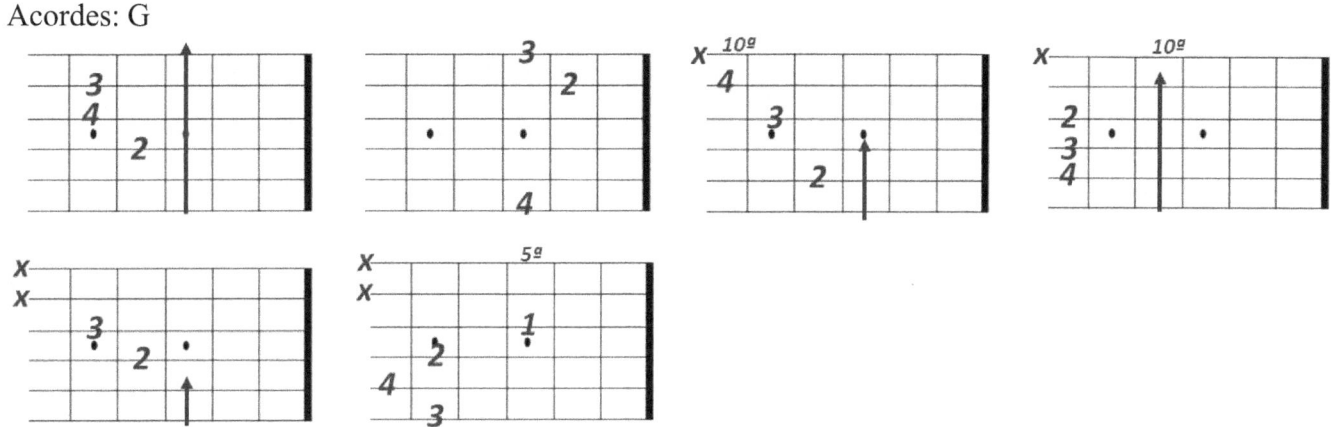

Acordes Triádicos SolM: Estado Fundamental, 1ª inversção e 2ª inversão

G   G/B   G/D

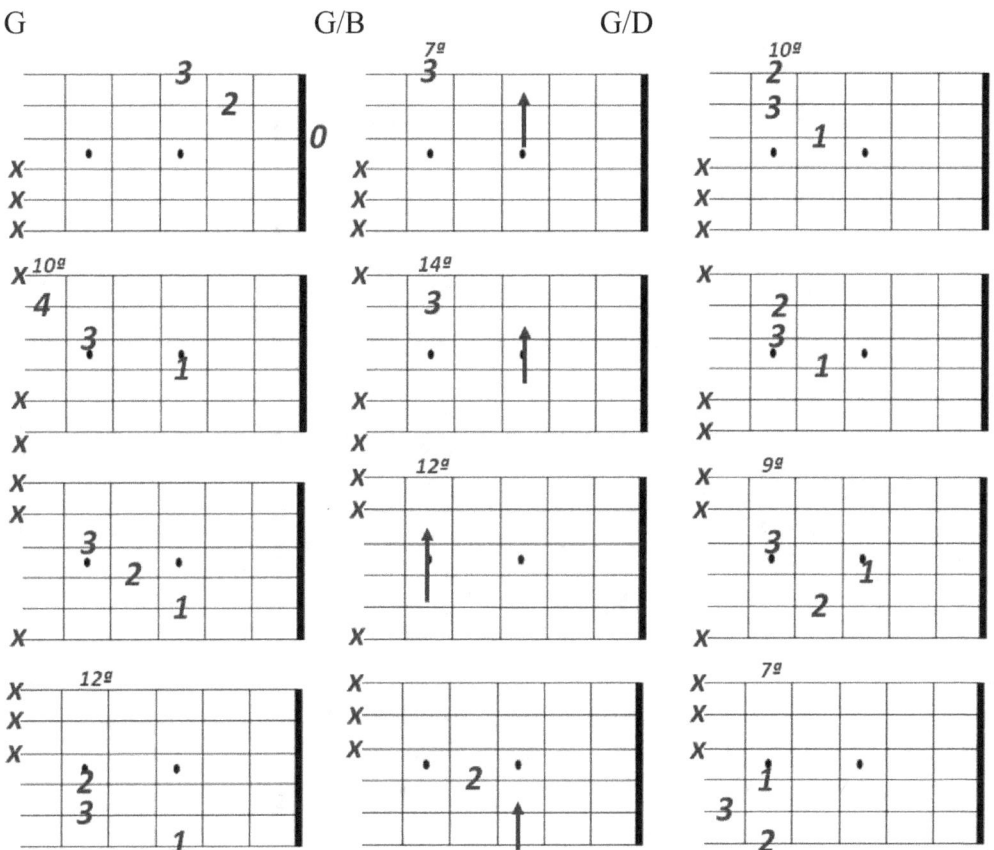

Acordes: A

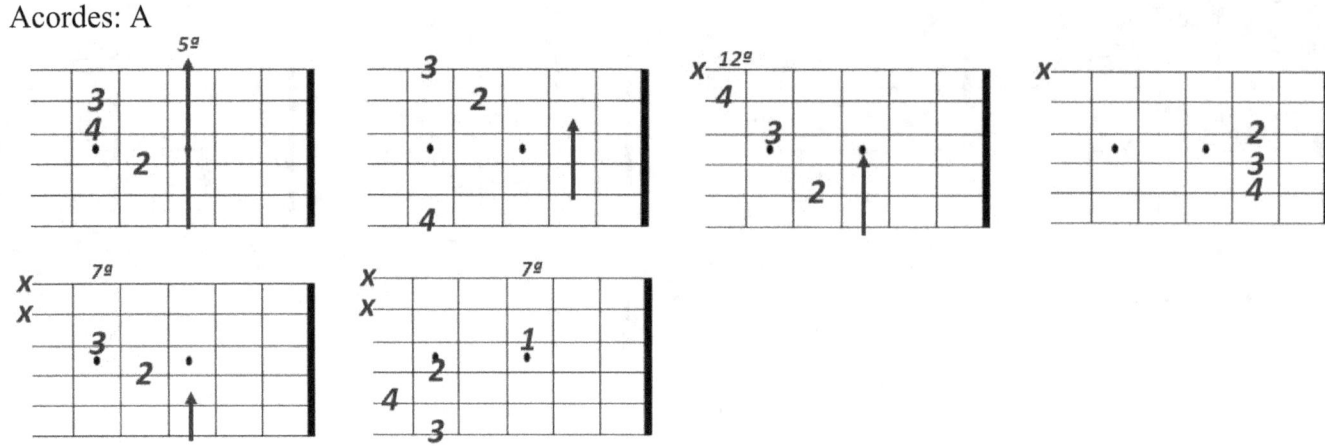

Acordes Triádicos LáM: Estado Fundamental, 1ª inversção e 2ª inversão

A   A/C#   A/E

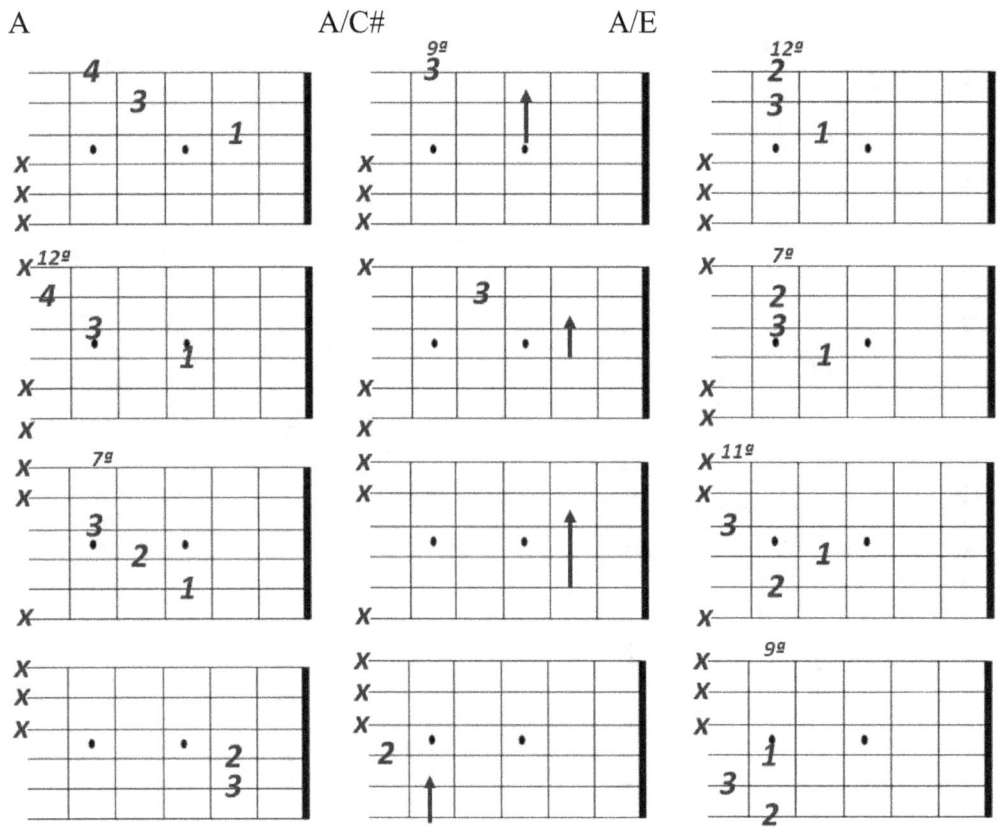

Acordes: B

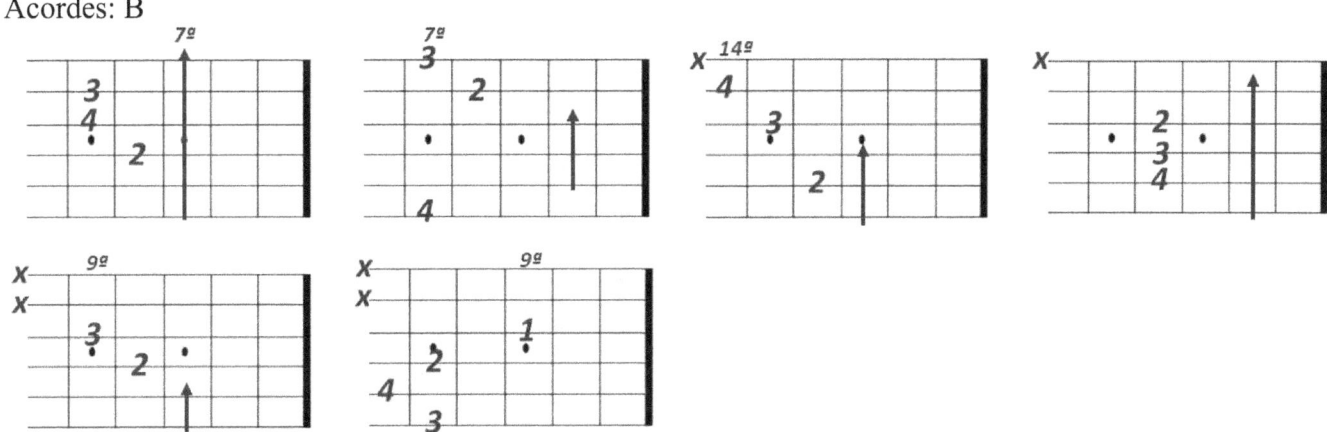

Acordes Triádicos SiM: Estado Fundamental, 1ª inversção e 2ª inversão

B   B/D#   B/F#

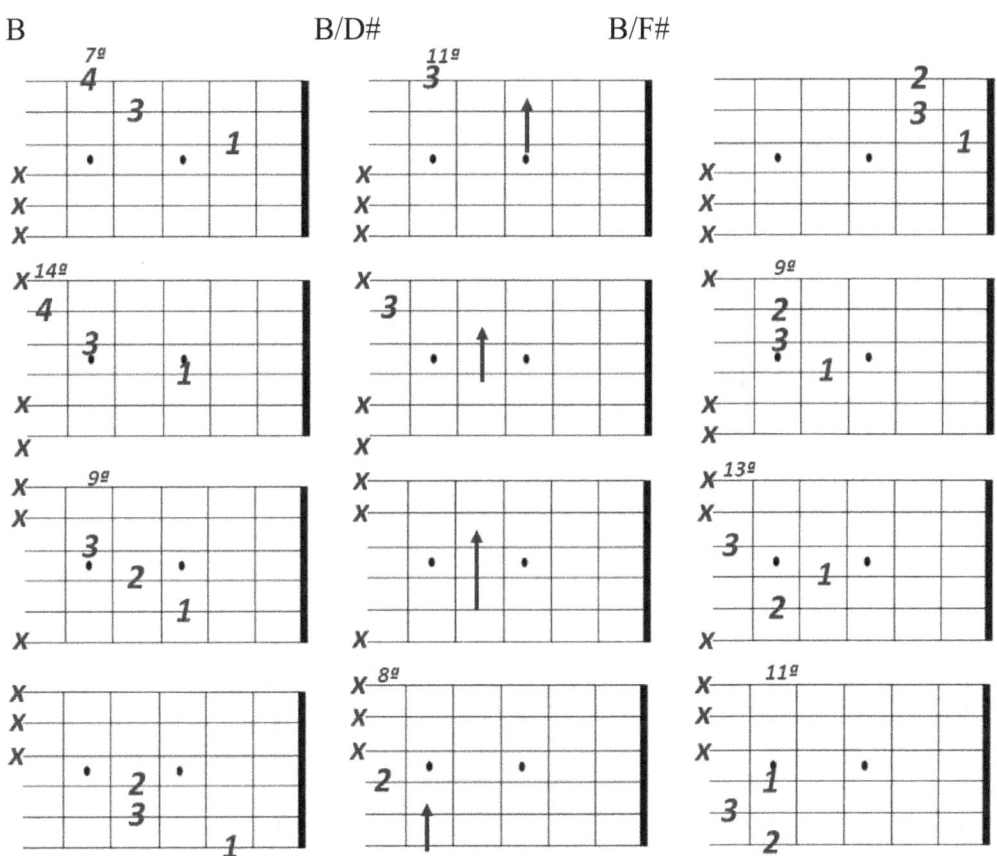

Qualquer acorde uma casa acima se transforma em sustenido (#). Quando tiver corda solta, não esquecer de movimentar a nota para a casa 1.

Qualquer acorde uma casa abaixo se transforma em bemol (b). Não se aplica a acordes com corda solta.

Dicionário de Acorde Menores

Acordes: Cm

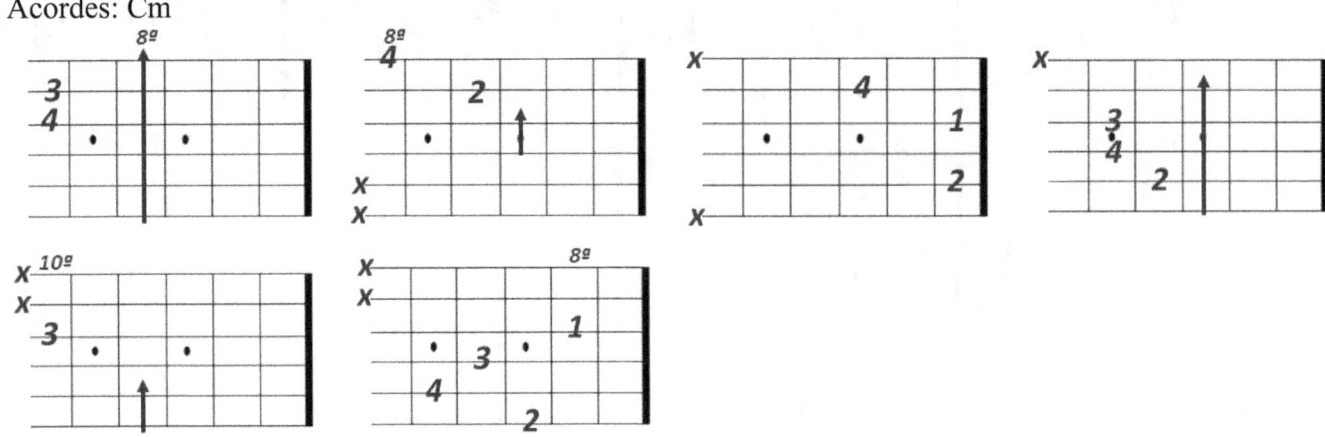

Acordes Menores Triádicos: Estado Fundamental, 1ª inversão, 2ª inversão

São acordes muito utilizados pelos guitarristas, quando estes estão tocando acompanhados por outro(s) instrumento(s)

Cm   Cm/Eb   Cm/G

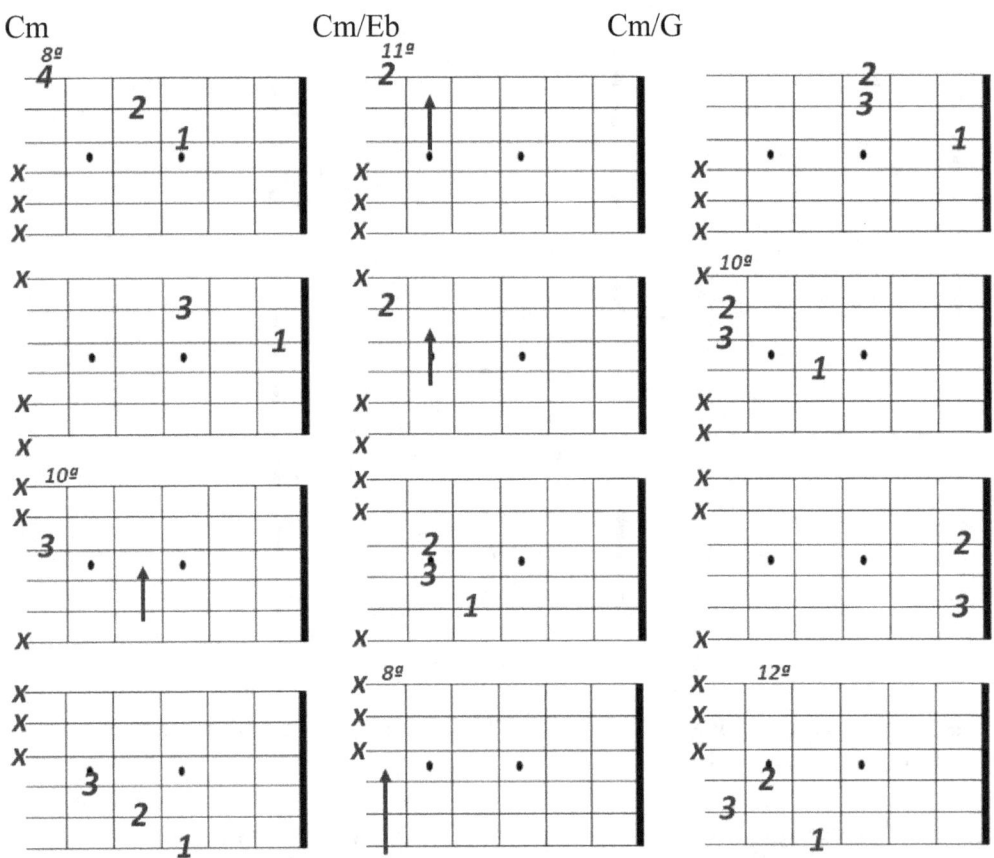

Acordes: Dm

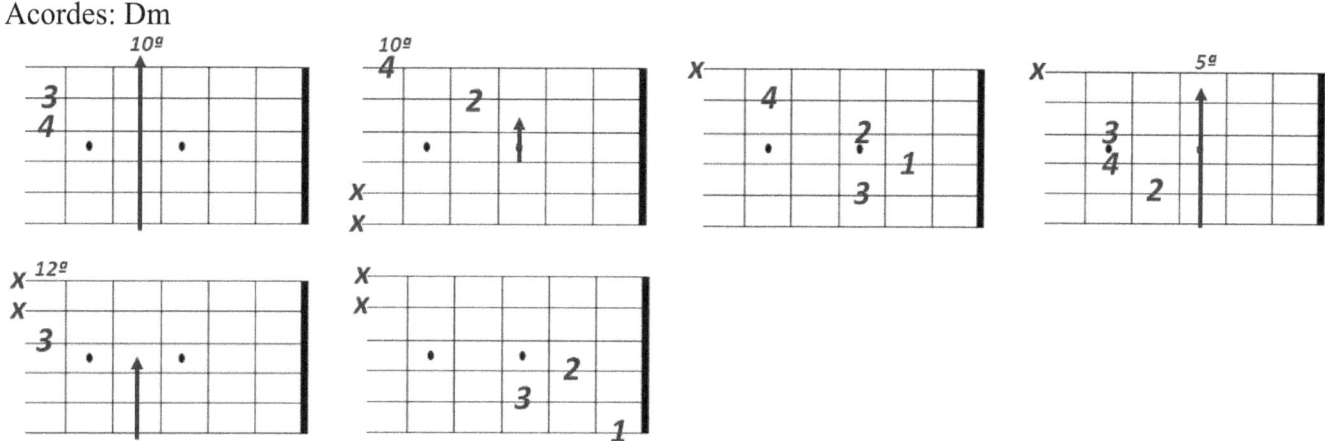

Acordes Triádicos Rém: Estado Fundamental, 1ª inversão, 2ª inversão

Dm   Dm/F   D/A

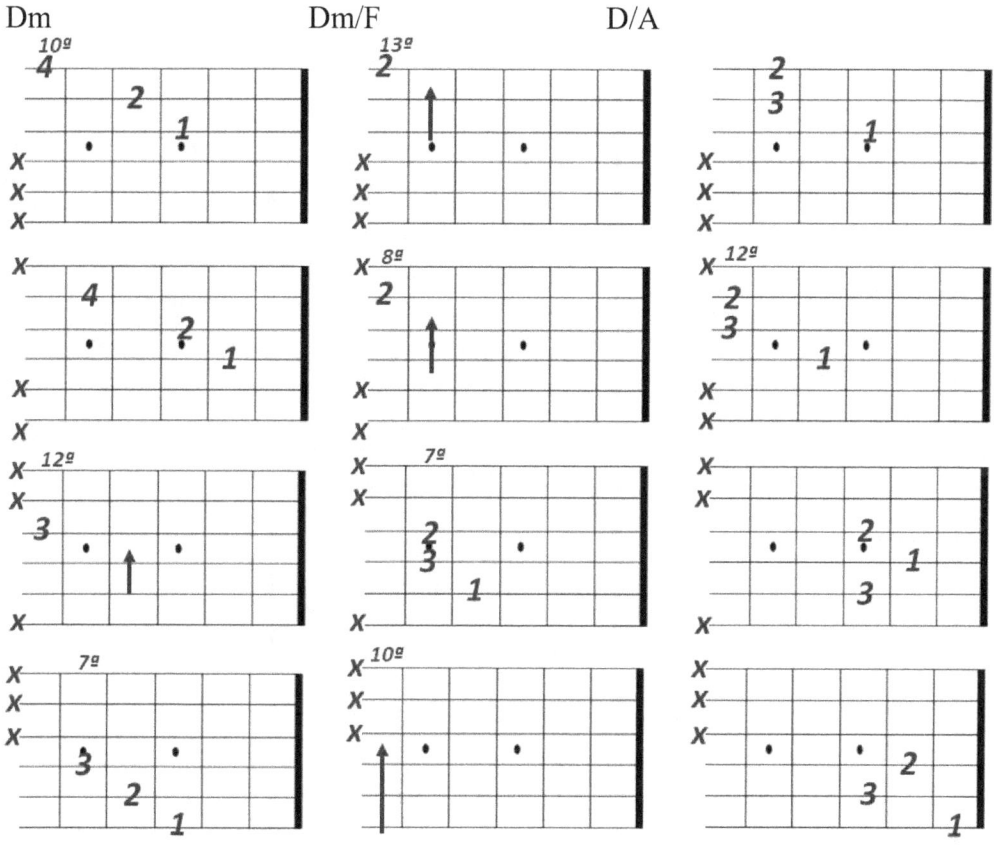

Acordes: Em

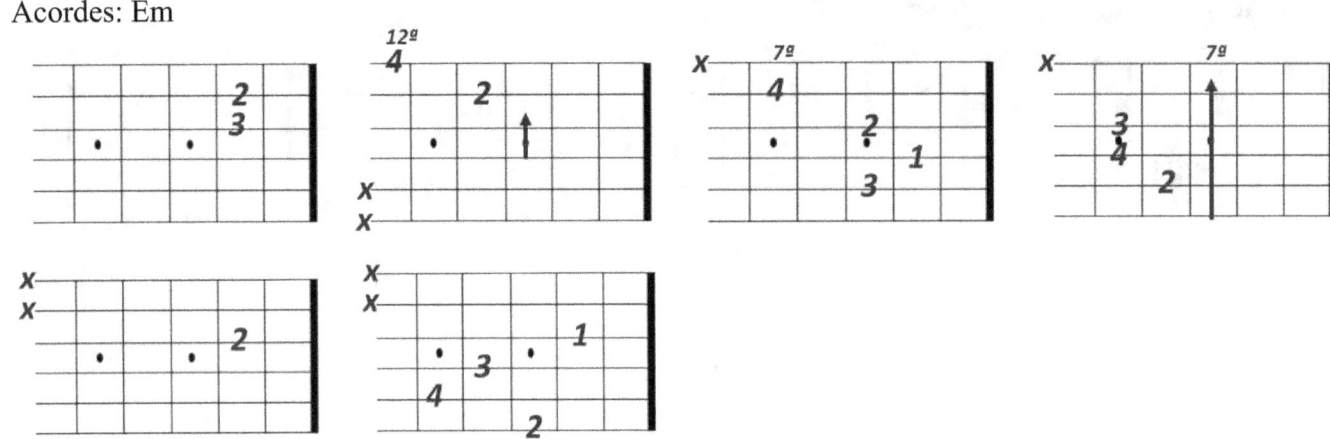

Acordes Triádicos Mim: Estado Fundamental, 1ª inversão, 2ª inversão

Em   Em/G   Em/B

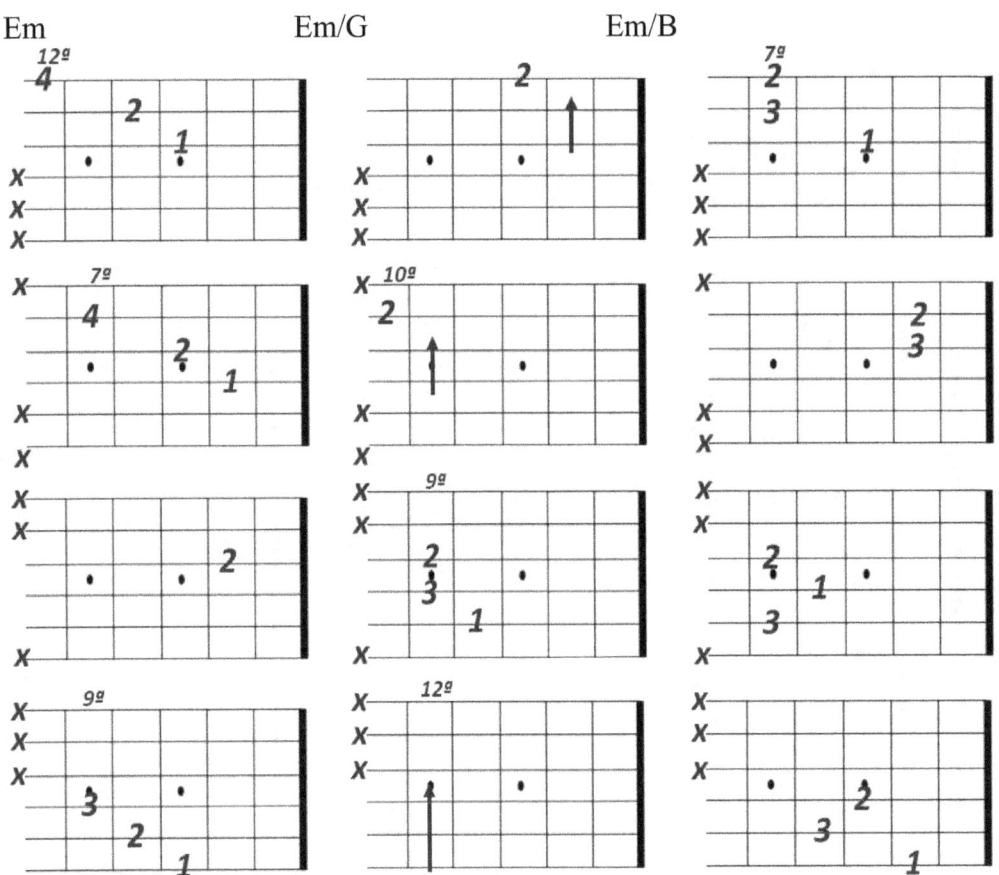

Acordes: Fm

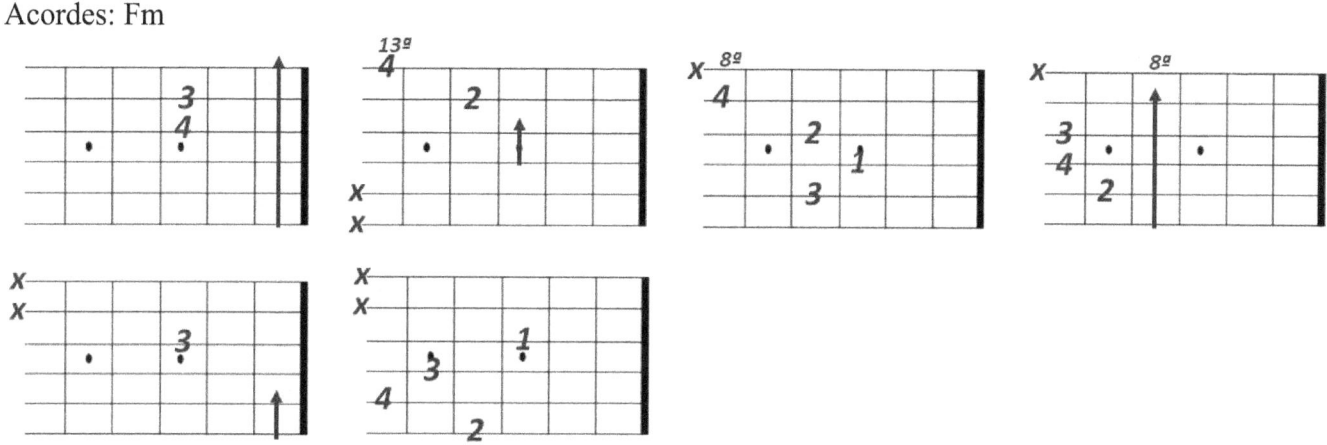

Acordes Triádicos Fám: Estado Fundamental, 1ª inversão, 2ª inversão

Fm   Fm/Ab   Fm/C

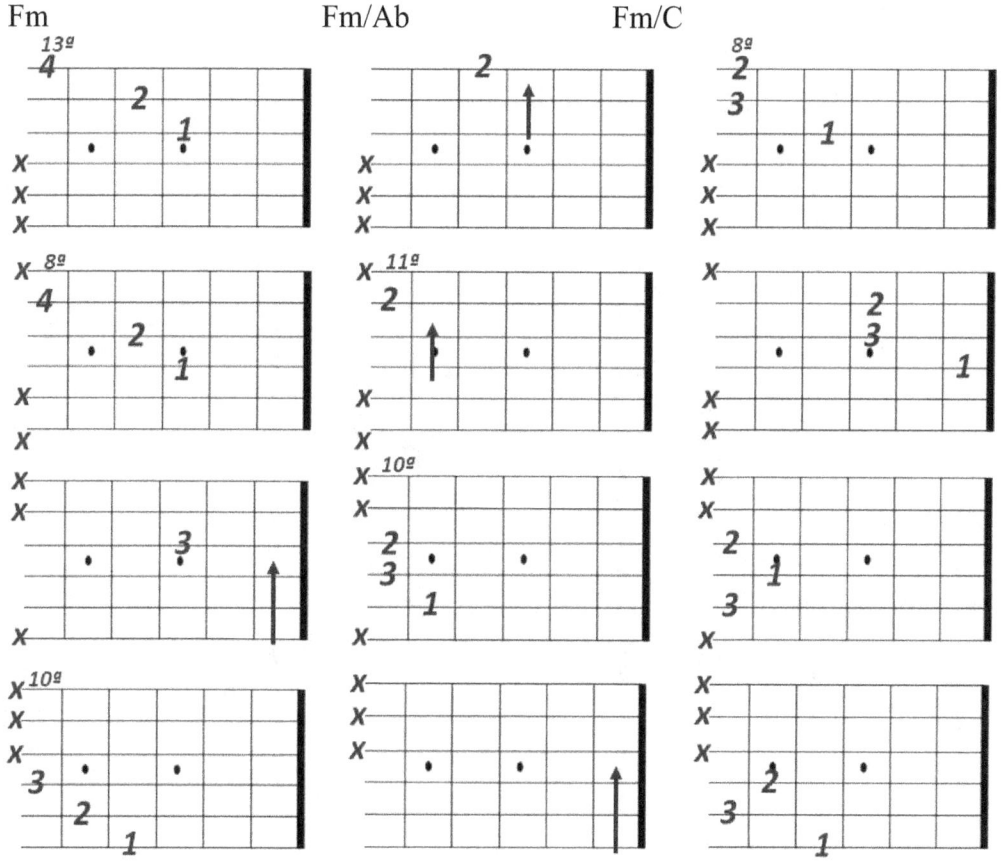

Acordes: Gm

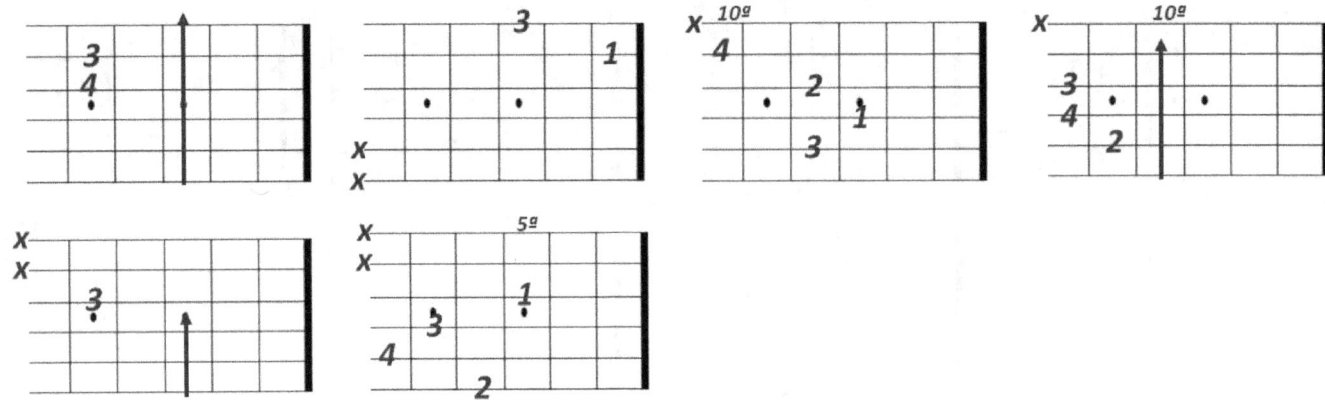

Acordes Triádicos Solm: Estado Fundamental, 1ª inversão, 2ª inversão

Gm   Gm/Bb   Gm/D

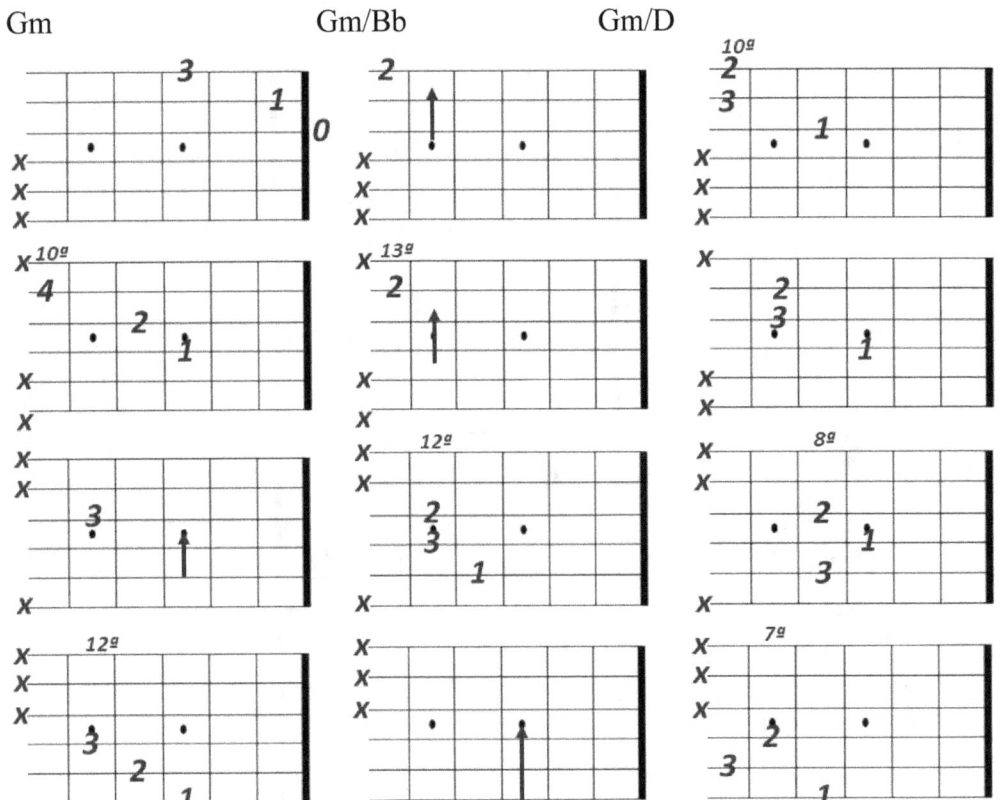

Acordes: Am

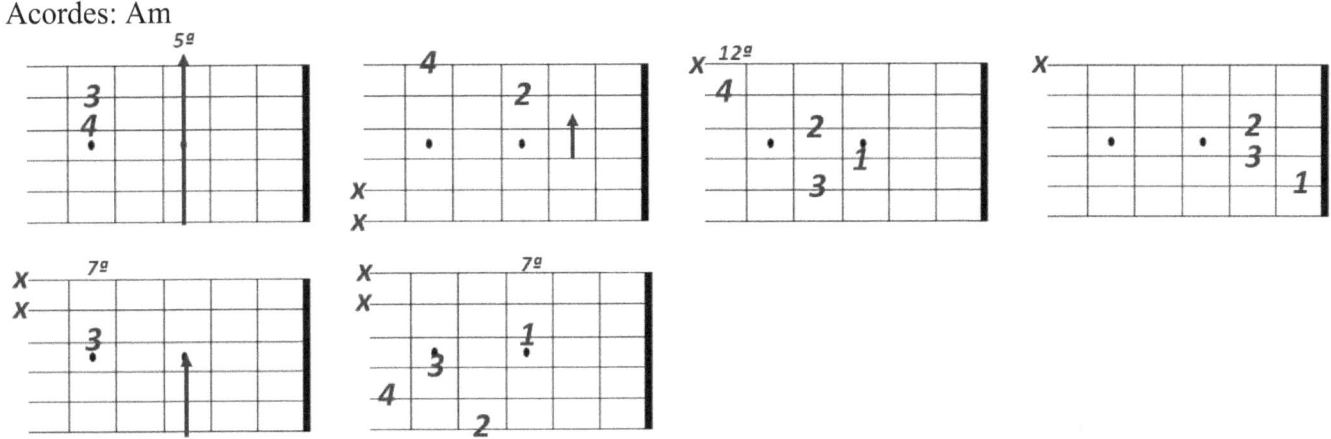

Acordes Triádicos Lám: Estado Fundamental, 1ª inversão, 2ª inversão

Am   Am/C   Am/E

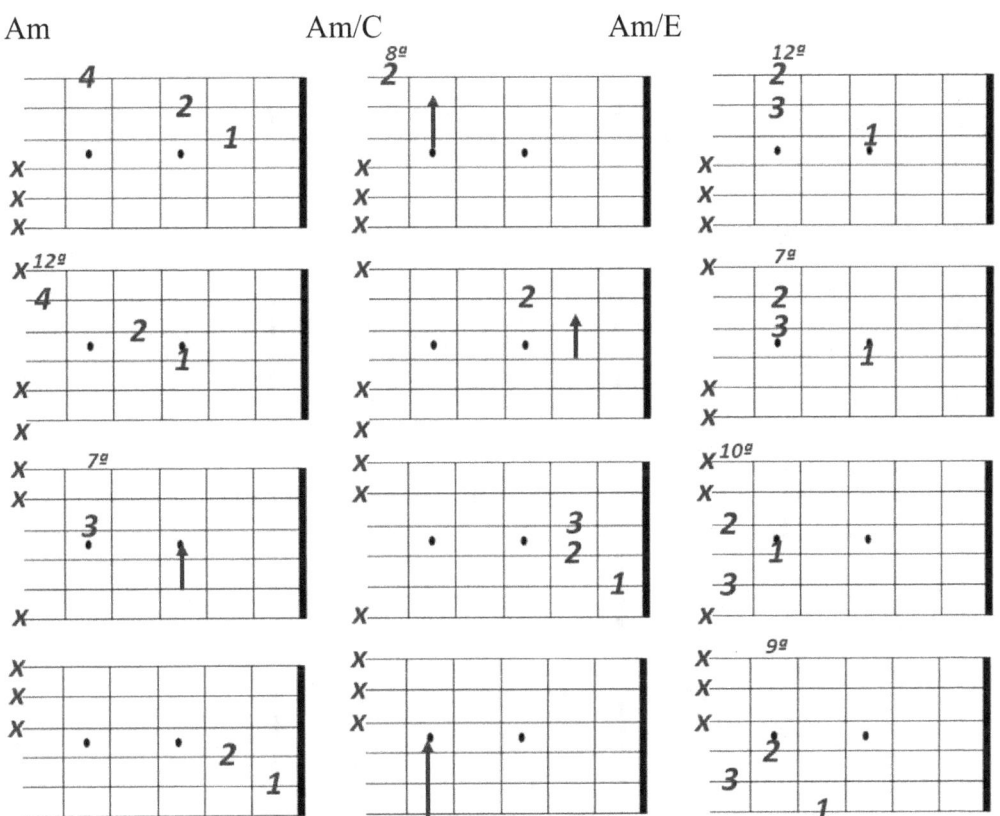

Acordes: Bm

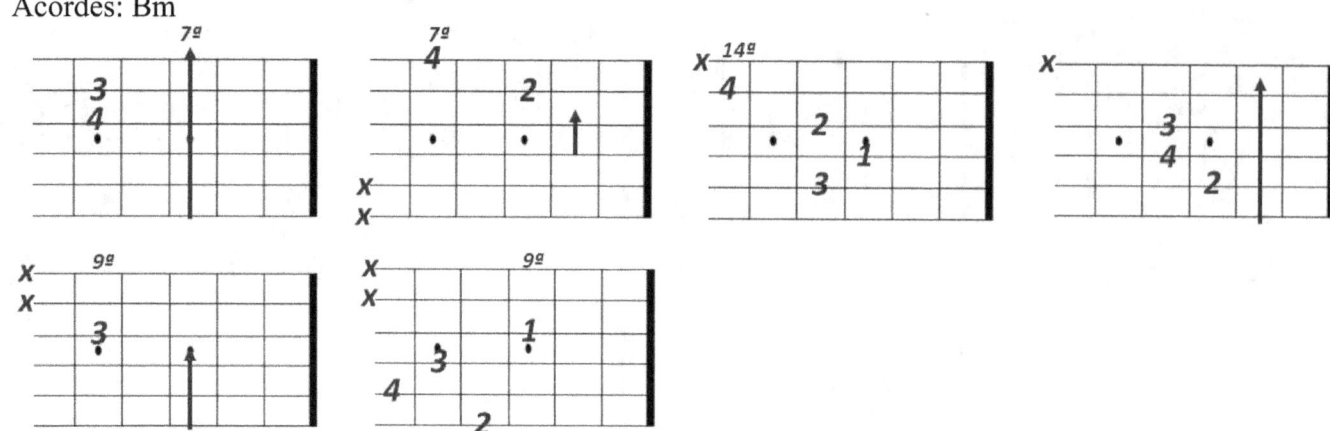

Acordes Triádicos Sim: Estado Fundamental, 1ª inversão, 2ª inversão

Bm   Bm/D   Bm/F#

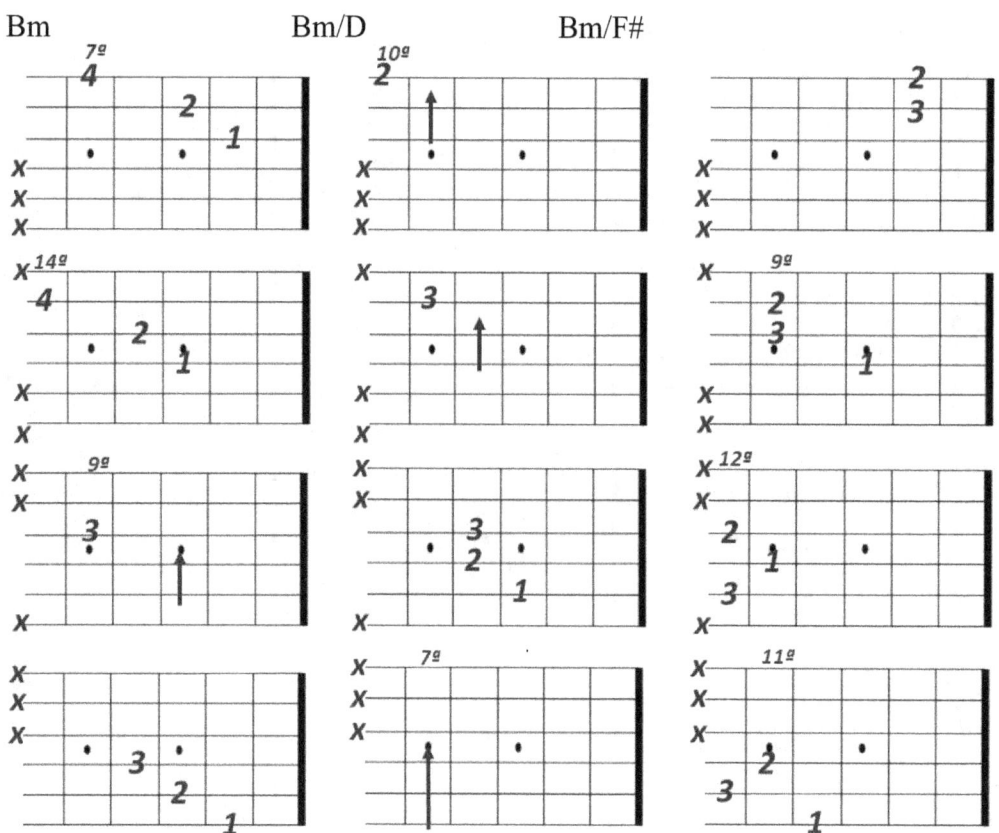

Qualquer acorde uma casa acima se transforma em sustenido (#). Quando tiver corda solta, não esquecer de movimentar a nota para a casa 1.

Qualquer acorde uma casa abaixo se transforma em bemol (b). Não se aplica a acordes com corda solta.

Acordes com Sétima

Acordes: C7

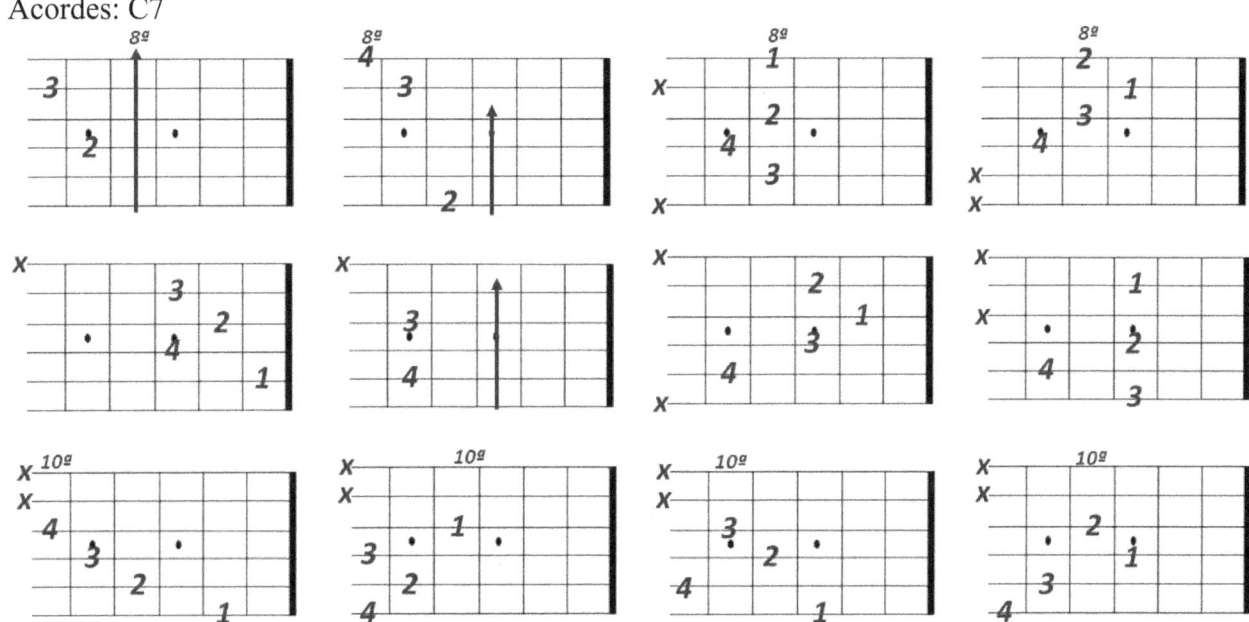

Acordes Triádicos com Sétima – Formados por tônica, terça e sétima respectivamente São esses os intervalos mais utilizados para esse tipo de acorde.

São acordes muito utilizados pelos guitarristas, quando estes estão tocando acompanhados por outro(s) instrumento(s)

Acordes Triádicos com Sétima: exemplos em C7

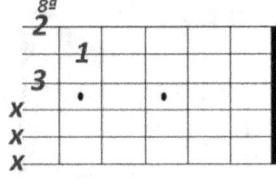 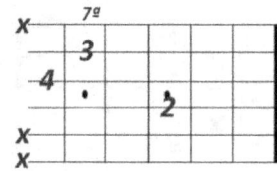 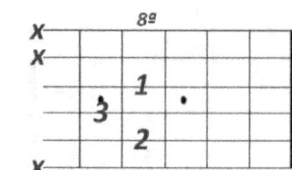 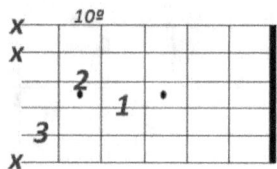

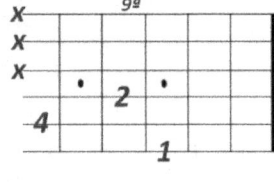

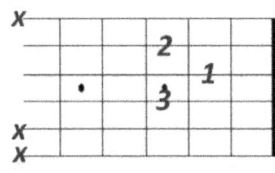 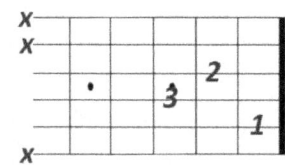 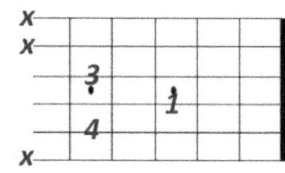 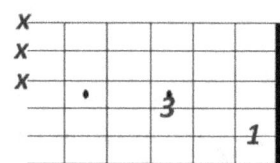

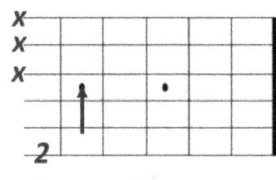

Acordes: D7

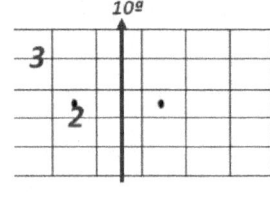 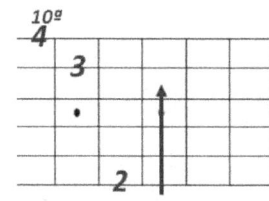 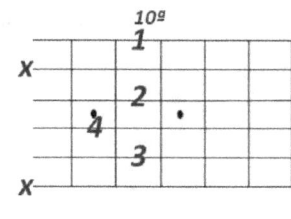 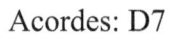

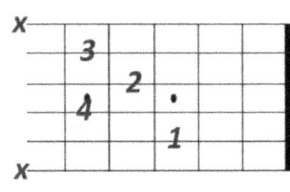 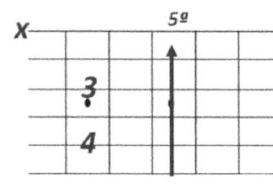 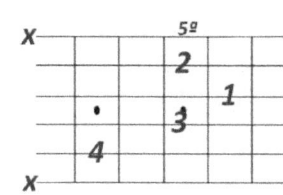

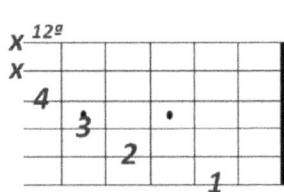 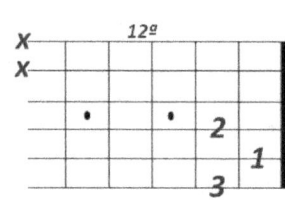 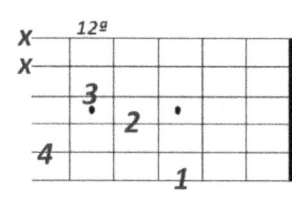 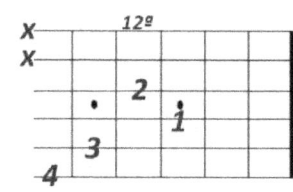

Acordes Triádicos com Sétima: exemplos em D7

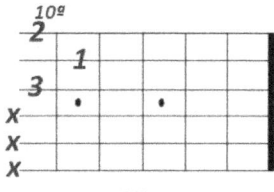 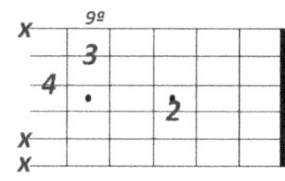 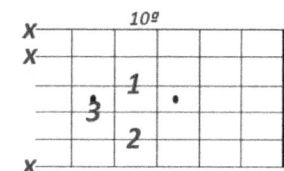 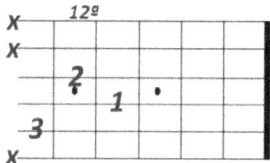

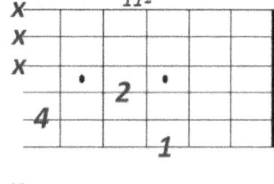

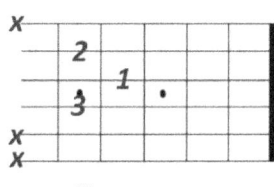 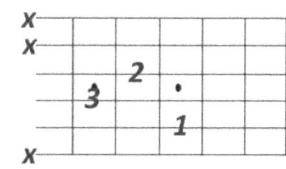 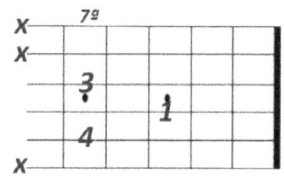 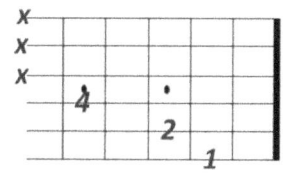

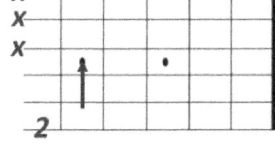

Acordes: E7

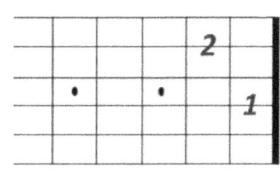 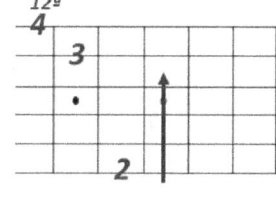 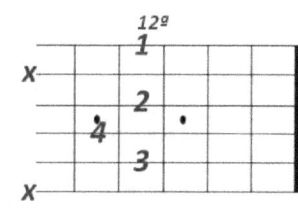 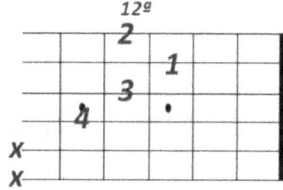

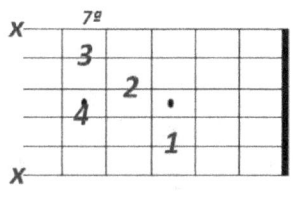 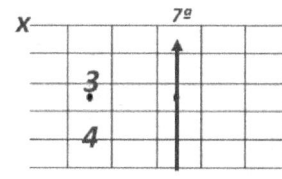 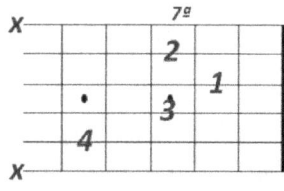 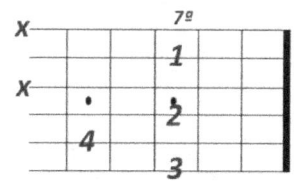

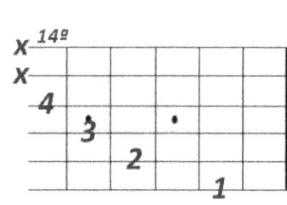 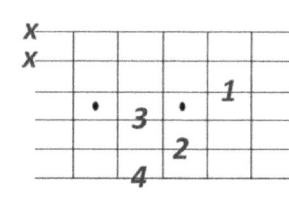 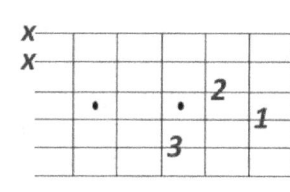 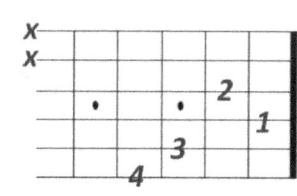

Acordes Triádicos com Sétima: exemplos em E7

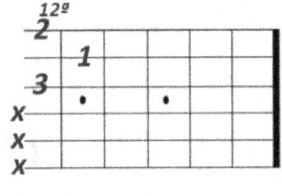 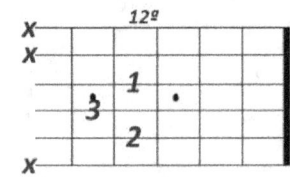 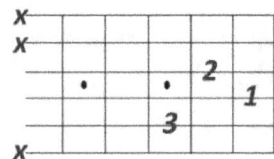

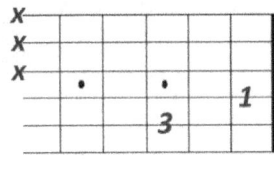

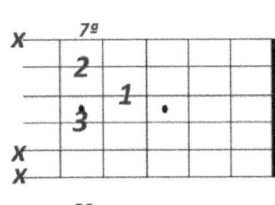 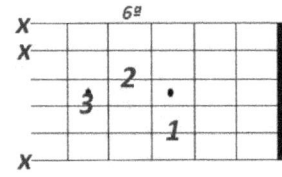 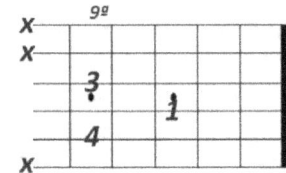 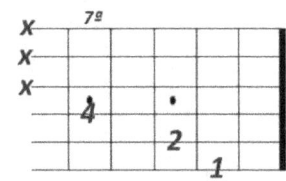

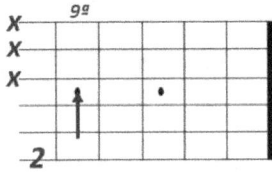

Acordes: F7

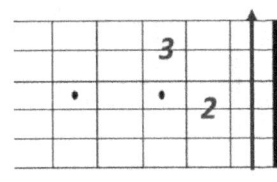 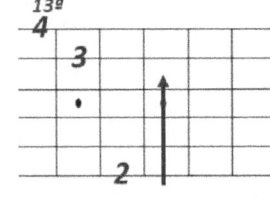 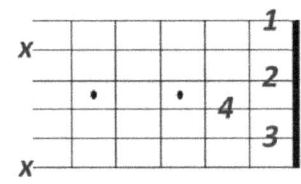 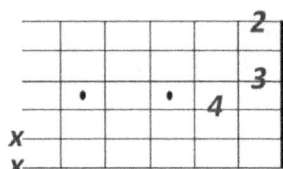

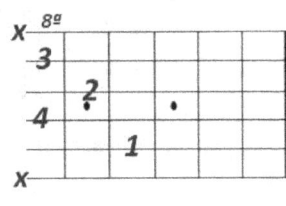 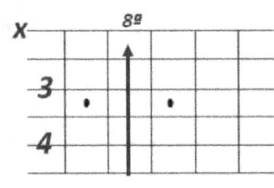 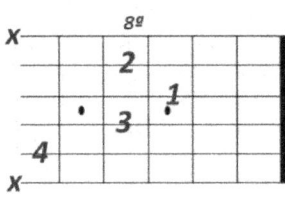 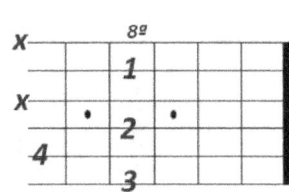

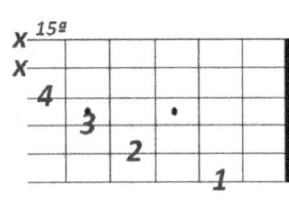 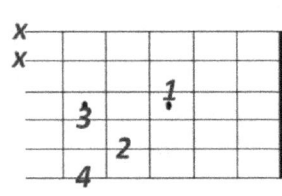 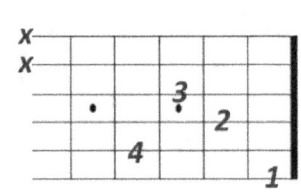

Acordes Triádicos com Sétima: exemplos em F7

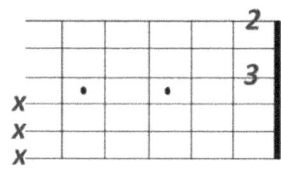
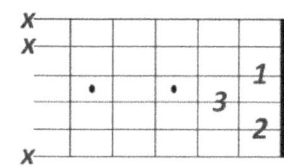
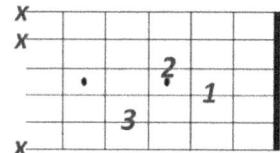

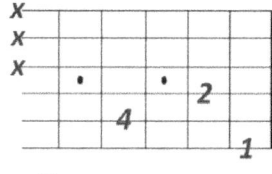

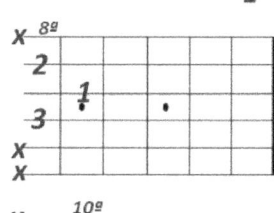
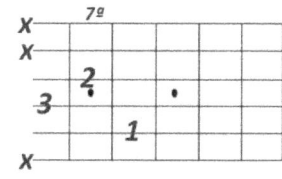
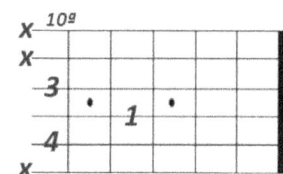
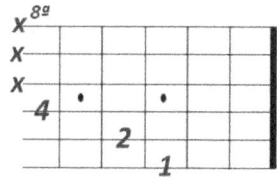

Acordes: G7

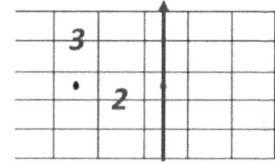
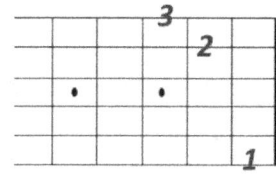
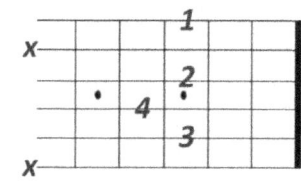
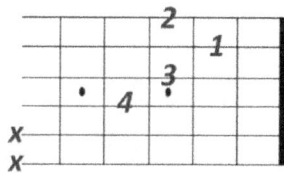

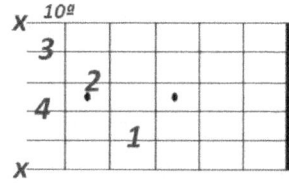
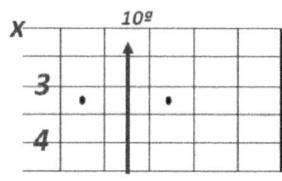
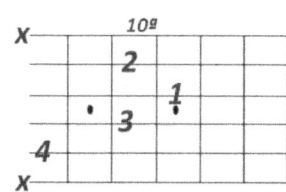

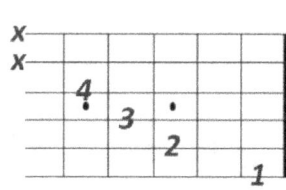
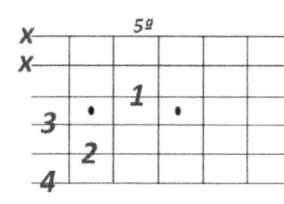
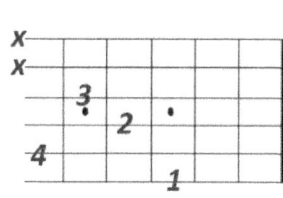

Acordes Triádicos com Sétima: exemplos em G7

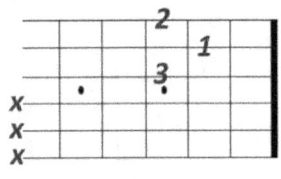 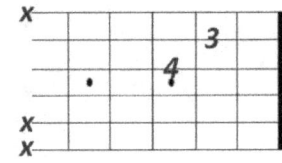 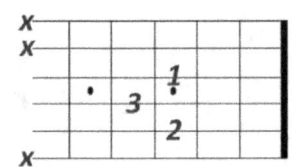 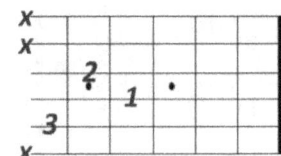

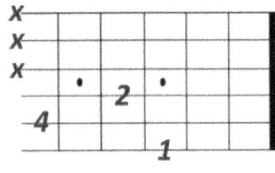

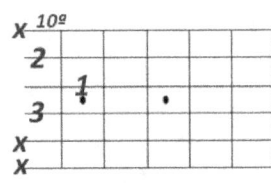 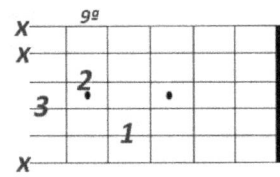 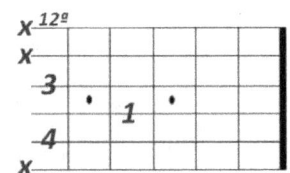 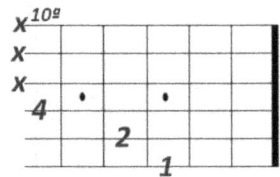

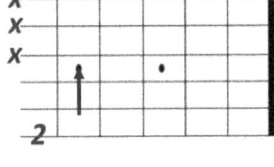

Acordes: A7

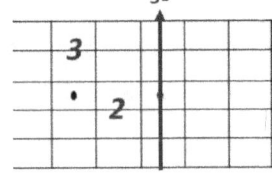 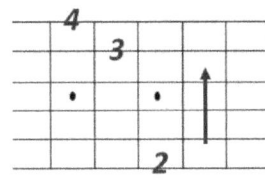 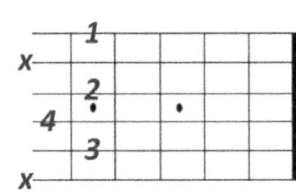 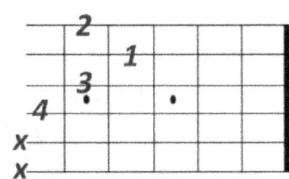

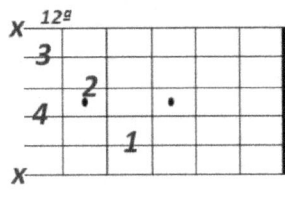 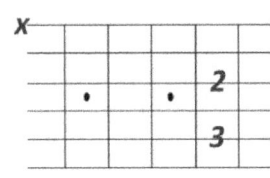 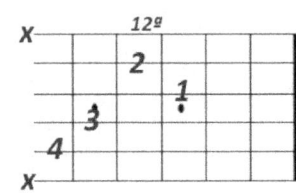 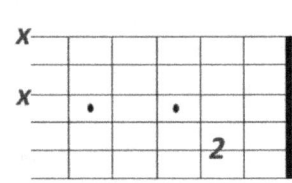

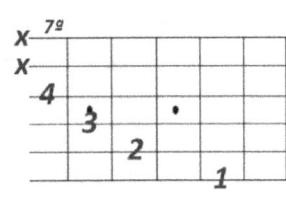 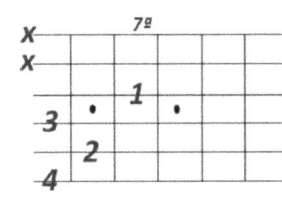 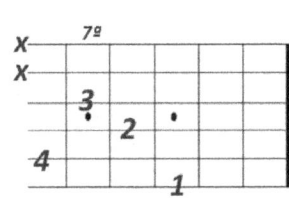 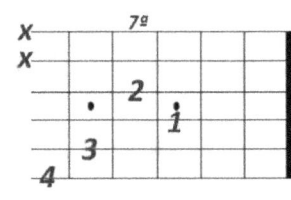

Acordes Triádicos com Sétima: exemplos em A7

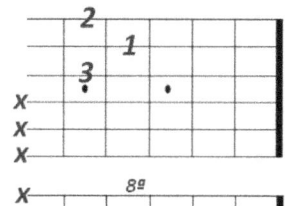 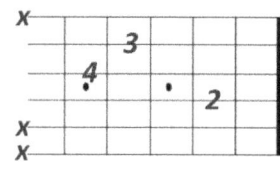 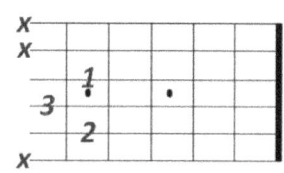 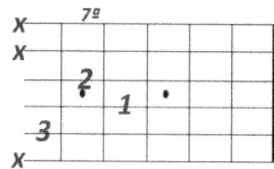

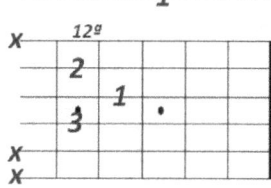

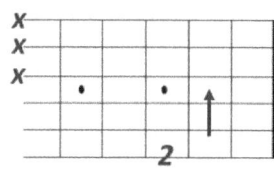 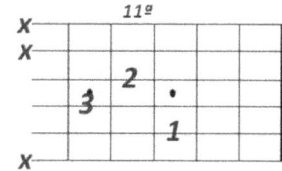 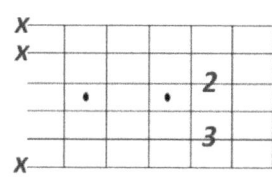 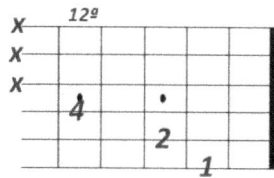

Acordes: B7

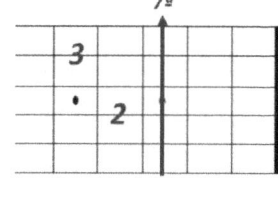 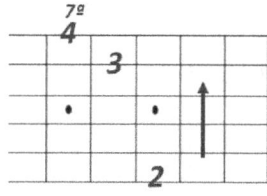 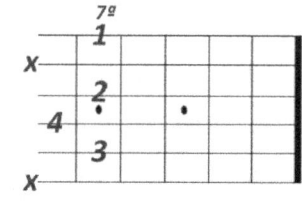 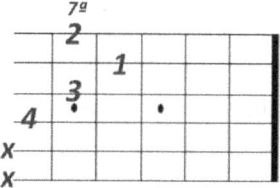

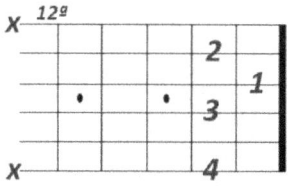 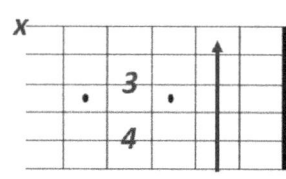 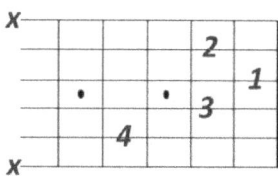 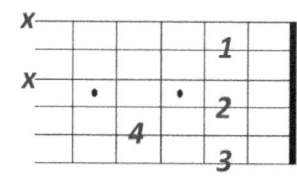

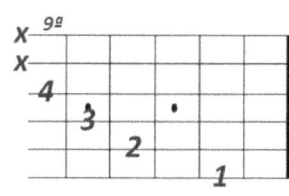 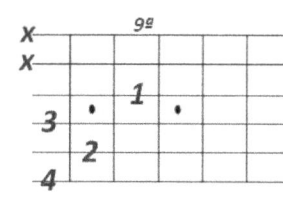 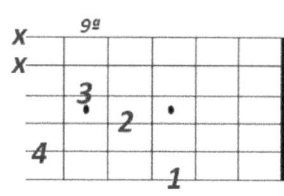

Acordes Triádicos com Sétima: exemplos em B7

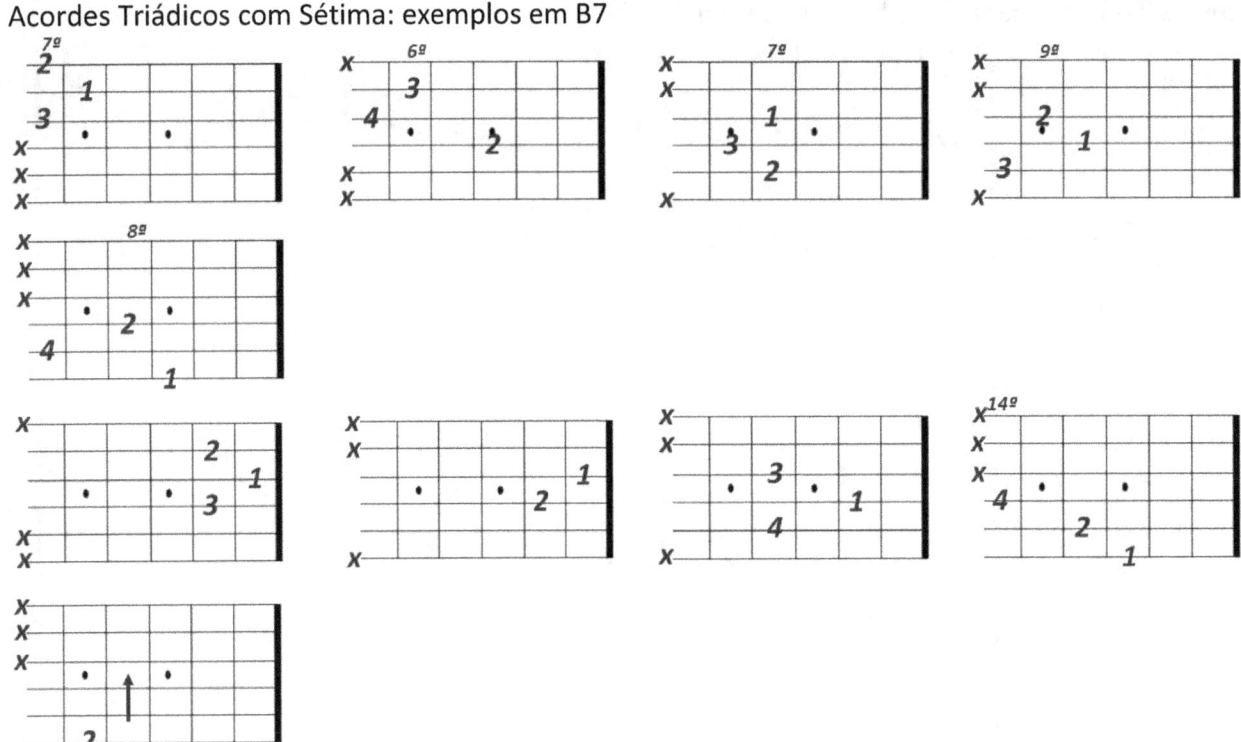

Qualquer acorde uma casa acima se transforma em sustenido (#). Quando tiver corda solta, não esquecer de movimentar a nota para a casa 1.

Qualquer acorde uma casa abaixo se transforma em bemol (b). Não se aplica a acordes com corda solta.

CHEGAMOS AO FINAL

www.ingramcontent.com/pod-product-compliance
Lightning Source LLC
Chambersburg PA
CBHW081313170526
45166CB00011B/3511